# ¡vaya!

# ¡vaya!

## LIBRO 3

Written at the Language Teaching Centre,
the University of York by Michael Buckby,
Michael Calvert, Christine Newsham and Brian Young

Nelson

Thomas Nelson and Sons Ltd
Nelson House   Mayfield Road
Walton-on-Thames   Surrey
KT12 5PL   UK

51 York Place
Edinburgh
EH1 3JD   UK

Thomas Nelson (Hong Kong) Ltd
Toppan Building 10/F
22A Westlands Road
Quarry Bay   Hong Kong

Distributed in Australia by

Thomas Nelson Australia
480 La Trobe Street
Melbourne   Victoria 3000
and in Sydney, Brisbane, Adelaide and Perth

© Language Teaching Centre, University of York 1989

First published by Thomas Nelson and Sons Ltd 1989

ISBN 0–17–439158–7

NPN 1 0 9 8 7 6 5 4 3 2

Printed in Great Britain
by Bell and Bain Ltd., Glasgow.

## ACKNOWLEDGEMENTS

### Photographs

J Allan Cash: Front and back cover, p.92, p.94 (×3), p.101
(bottom left, bottom right))
A.G.E. Fotostock: p.93 (top right, bottom left), p.101 (top left)
John Walmsley: p.45, p.47, p.56, p.81, p.90, p.93 (bottom
right), p.101 (top right)
Brian Young: p.20, p.54

All other photos: Chris Ridgers

Every effort has been made to trace owners of copyright and,
if any omissions can be rectified, the publishers will be
pleased to make the necessary arrangements.

### Illustrations
Students of Ealing College of Higher Education and Estrella
Devitt for handwritten letters in Spanish.
Lizzie Kelsall, Martin Shovel and Gecko Limited for artwork
and illustrations.

# MATERIAS

# UNIDAD I

## Campings y albergues

If you don't want to spend a lot of money on accommodation you can always book a bed in a youth hostel. Or camping is another possibility. The weather is usually good in Spain, and most campsites offer excellent facilities.

**By the end of this unit you will be able to:**
**book accommodation on a campsite or in a youth hostel,**
**enquire about facilities in the hostel or on the campsite,**
**find out what it costs, check your bill, and check meal arrangements.**

 **¿Hay sitio?**

Cuando llegas a un camping tienes que ir primero a la recepción a hablar con el encargado o la encargada.

---

**CAMPING MUNICIPAL**
### BELLAVISTA
SANTANDER
Teléfs. 942–271016

**1ª**

## TARIFAS 1989

|  |  |  |  |
|---|---|---|---|
| 👤 |  | Persona .................... Persone .................... | 180 |
| 👤 | 3–10 AÑOS | Niño ........................ Children .................... | 125 |
| ⛺ |  | Tienda colectiva ........ Tent ......................... | 210 |
| ⛺ |  | Tienda individual........ Tent 1 pers................. | 125 |
| 🚗 |  | Coche ...................... Car ........................... | 170 |
| 🚐 |  | Caravana ................... | 210 |
| 🚲 |  | Moto ........................ | 110 |
| 🚗 |  | Sleeping Car ............. | 280 |
| 🔌 |  | Toma de corriente ..... Electric outlet ............ | 170 |
| 🚌 |  | Autocar y Movil-Home | 360 |

---

Aquí tienes unas frases muy útiles:

| | |
|---|---|
| ¿Hay sitio? | Do you have any room? |
| Sí, hay sitio. | Yes, we have. |
| Lo siento, está completo. | I'm sorry, we're full. |
| ¿Qué tiene? ¿Tienda o caravana? | What do you have? A tent or a caravan? |
| Tenemos una tienda grande y un coche. | We have a large tent and a car. |
| ¿Cuántas personas son? | How many of you are there? |
| Somos tres: dos adultos y un niño. | There are three of us: two adults and one child. |
| Estoy solo(a). | I am alone. |
| ¿Para cuántos días? | For how many days? |
| Para tres días | Three days |
| ¿Cuánto es por día? | How much is it per day? |
| Son 175 pesetas por persona por día, más 250 pesetas la tienda y 200 el coche. | It's 175 pesetas per person per day, plus 250 pesetas for the tent and 200 for the car. |
| La parcela número 85 | Pitch number 85 |
| Está allí abajo, debajo de los árboles. | It's down there, under the trees. |
| ¿Me quiere rellenar esta ficha? | Would you fill in this form, please? |
| ¿Quiere toma de corriente? | Do you want a power point? |

Muchas familias llegaron al Camping Bellavista Santander en el mismo día. Escucha las conversaciones que tuvieron con la encargada cuando llegaron. ¿Con qué diálogo corresponde la información abajo?

Mira la información sobre la familia Díaz. Imagina la conversación que tuvo lugar entre el Sr Díaz y la encargada cuando llegó al camping. Practica la conversación con tu pareja.

---

**CAMPING MUNICIPAL BELLAVISTA**
BELLAVISTA-CUETO
Santander - España
☎ 27 10 16 - 27 48 43

`S32`  Nº 63325

Fecha entrada 15-7-97
Fecha salida 18-8
Nacionalidad ...........

Nombre Mª del Carmen Sánchez González
Domicilio C/ Bravo Murillo Madrid –

| | NUMERO | TARIFA | |
|---|---|---|---|
| 🚶 Personas | 2 x 180 | = 360 | pts. |
| 🧒 Niños | x | = | ptas. |
| 🚗 Autos | 1 x 170 | = 170 | ptas. |
| 🚐 Caravanas | x | = | ptas. |
| Coche-cama | x | = | ptas. |
| ⛺ Tiendas | 1 x 125 | = 125 | ptas. |
| 🏍 Motos | x | = | ptas. |
| Electricidad | x | = | ptas. |
| Bungalows | x | = | ptas. |
| 🚌 Autobús | x | = | ptas. |

D.N.I.: 409.851
PASP. ...........

TOTAL ptas. por día 655 x 3 días = 1965 ptas

---

**CAMPING MUNICIPAL BELLAVISTA**
BELLAVISTA-CUETO
Santander - España
☎ 27 10 16 - 27 48 43

`S32`  Nº 63325

Fecha entrada 12-7-87
Fecha salida 14-7-87
Nacionalidad ...........

Nombre Sr Díaz López
Domicilio Paseo de colón, 38 Madrid

| | NUMERO | TARIFA | |
|---|---|---|---|
| 🚶 Personas | 2 x 180 | = 360 | ptas. |
| 🧒 Niños | 2 x 125 | = 250 | ptas. |
| 🚗 Autos | 1 x 170 | = 170 | ptas. |
| 🚐 Caravanas | 1 x 210 | = 210 | ptas. |
| Coche-cama | x | = | ptas. |
| ⛺ Tiendas | 1 x 125 | = 125 | ptas. |
| 🏍 Motos | x | = | ptas. |
| Electricidad | 1 x 170 | = 170 | ptas. |
| Bungalows | x | = | ptas. |
| 🚌 Autobús | x | = | ptas. |

D.N.I.: 409.321
PASP. ...........

TOTAL ptas. por día 1285 x 2 días = 2570 ptas.

---

## ¿Tiene reserva?

Si quieres hacer camping en España en verano, es mejor reservar, sobre todo si piensas ir a la costa. Los campings ingleses también reciben cartas de reserva, escritas algunas veces en español. Puedes explicar al encargado de este camping exactamente lo que quiere este señor:

Utilizando esta carta, escribe a un camping para reservar sitio para tu propia familia. Queréis pasar cinco días en el camping a partir del 22 de agosto.

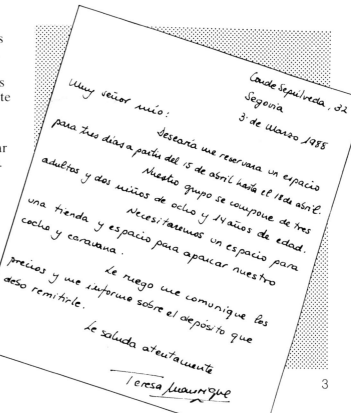

Conde Sepúlveda, 32
Segovia
3 de Marzo 1988

Muy señor mío:

Desearía me reservara un espacio para tres días a partir del 15 de abril hasta el 18 de abril. Nuestro grupo se compone de tres adultos y dos niños de ocho y 14 años de edad. Necesitaremos un espacio para una tienda y espacio para aparcar nuestro coche y caravana.

Le ruego me comunique los precios y me informe sobre el depósito que deso remitirle.

Le saluda atentamente

Teresa Manrique

##  Un camping de segunda

Los campings en España se clasifican según los servicios que ofrecen. Los más sencillos son los campings de tercera categoría, y luego los hay de segunda, de primera, y por último, los campings de lujo.

Se indica en la guía cómo es el camping, dónde está situado, y qué servicios ofrece.

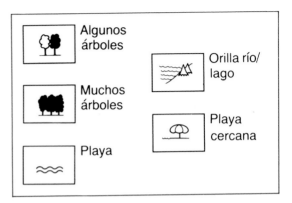

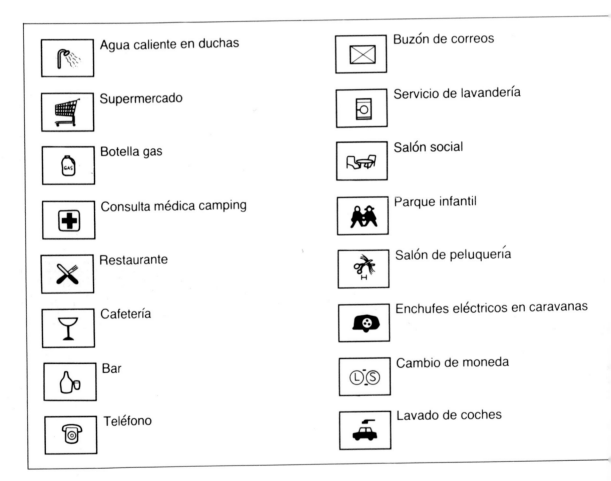

Haz tres listas de los servicios que a ti te parecen:
1 muy importantes
2 bastante importantes.
3 sin importancia.

¿Hay en tu clase alguien de tu opinión? Sería un compañero o una compañera ideal para unas vacaciones de camping.

Pregunta a ver:

– ¿Son importantes para ti los teléfonos?
– Para mí son bastante importantes.
– ¿Es importante para ti la lavandería?
– No, para mí no tiene importancia.

### ¿Qué hay en este camping?

urante el verano trabajas en la recepción del
amping Bellavista. Naturalmente, cuando llegan
s campistas por primera vez quieren saber qué
rvicios ofrece el camping y dónde encontrar todo
que necesitan. Mira el plano detenidamente y
ego contesta a las preguntas que te hace tu pareja.
uego, cambia de papel con él o ella.

uieres saber si el camping tiene:
un salón social
un restaurante
una cafetería
una piscina climatizada

uieres saber dónde está(n):
los aseos
las duchas
la cafetería
los cubos de basura

**Clave**

| | |
|---|---|
| Tiendas | |
| Caravanas | |
| Aseos/duchas | |
| Recepción | |
| Salón social | |
| Cafetería | |
| Bar | |
| Cubos de basura | |

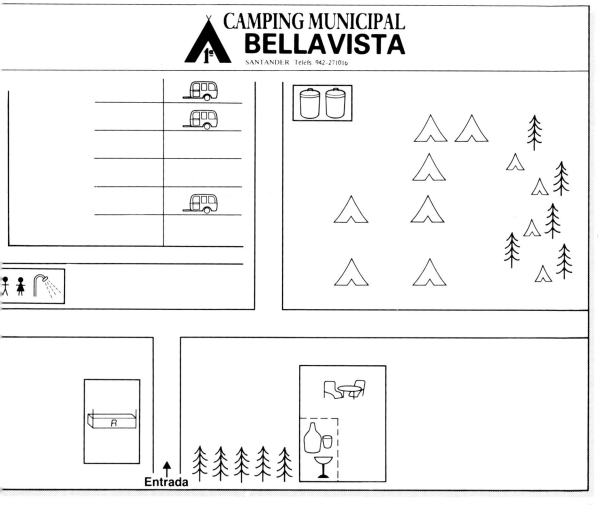

CAMPING MUNICIPAL
**BELLAVISTA**
SANTANDER  Telefs. 942-271016

Entrada

## *Los campings de las Rías Bajas*

Vas a hacer camping en las Rías Bajas. Has pedido una guía de la oficina de turismo y vas a escoger uno de estos campings. ¿Cuál te gusta más? ¿Cuál vas a escoger? Piensa en su categoría, su situación, sus servicios, y sus precios. Explica tu decisión a tu pareja.

### *Ejemplo:*

Voy a escoger el camping Tiran porque está cerca del mar, ofrece muchos servicios, incluso un bar, un restaurante y un supermercado. Se puede ir de pesca y nadar. No es demasiado grande, tiene muchos árboles y por lo tanto mucha sombra. Hay agua caliente en las duchas y sólo me va a costar 375 pesetas por día. No quiero pagar más.

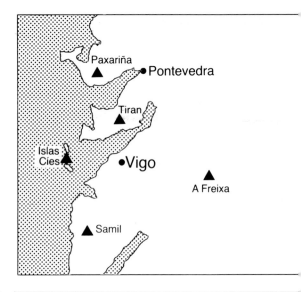

---

**SAMIL**  1.ª C ☎ 232198
Situado en **Vigo**. Playa Samil Ctra. Vigo-Canido, Km. 6
Abierto de Enero a Diciembre.  Capacidad: 400 personas.

**Precio por día:**

|  | Ptas. |  | Ptas. |
|---|---|---|---|
|  |  | coche | 200 |
| persona | 200 | caravana | 200 |
| niño | 175 | motocicleta | 150 |
| tienda ind. | 185 | coche cama | 400 |
| tienda fam. | 200 | autocar | 950 |

Desde Vigo se puede acceder por Avda. de Samil o por la carretera comarcal Vigo-Canido bordeando la ria, con tráfico normal. Arbolado de pinos, plátanos y fresnos, con abundante sombra y zonas verdes y ajardinadas. Bordeado por la carretera comarcal y la playa, de gran extensión, arenosa y con abundante arbolado. Por su situación, en la más meridional de las Rías Bajas. Constituye un lugar perfecto para realizar bellas excursiones. Servicio gratuito de duchas de agua caliente. Instalaciones reformadas y modernizadas.

---

**TIRAN**  2.ª C ☎ 310150
Situado en **Moaña**. Tiran-Moaña
Abierto de Abril a Setiembre.  Capacidad: 260 personas.

**Precio por día:**

|  | Ptas. |  | Ptas. |
|---|---|---|---|
|  |  | coche | 200 |
| persona | 200 | caravana | 225 |
| niño | 175 | motocicleta | 175 |
| tienda ind. | 175 | coche cama | 300 |
| tienda fam. | 200 | autocar | 400 |

Se accede por carretera comarcal, con entrada particular de 150 m. asfaltada y tráfico normal. Arbolado de chopos, acacias, palmeras y numerosas variedades con mucha sombra y completamente verde. Situado en la Península de Morrazo centro de las rías bajas de indescriptible paisaje. Playas arenosas y protegidas. Propio para realizar excursiones a distintas localidades cercanas de interés turistico. Instalaciones modernas. Servicio gratuito de agua caliente.

---

**ISLAS CIES**  3.ª C ☎ 421622
Situado en **Vigo**. Islas Cies
Abierto de Junio a Setiembre.  Capacidad: 240 personas.

**Precio por día:**

|  | Ptas. |  | Ptas. |
|---|---|---|---|
|  |  | coche |  |
| persona | 175 | caravana |  |
| niño | 100 | motocicleta |  |
| tienda ind. | 165 | coche cama |  |
| tienda fam. | 180 | autocar |  |
|  |  | parcela | 135 |

Desde Vigo en vapores de pasaje a las Islas Cies. Arbolado de pinos, con mucha sombra y zonas verdes. Playas arenosas y protegidas. Situado entre el mar y pinares en bello paisaje. Muy propio para el descanso. Instalaciones modernizadas y reformadas.

---

**PAXARIÑA**  2.ª C ☎ 723055
Situado en **Sangenjo**. Playa Paxariñas
Abierto de Julio a Agosto.  Capacidad: 486 personas.

**Precio por día:**

|  | Ptas. |  | Ptas. |
|---|---|---|---|
|  |  | coche | 175 |
| persona | 200 | caravana | 220 |
| niño | 175 | motocicleta | 175 |
| tienda ind. | 180 | coche cama | 375 |
| tienda fam. | 210 | autocar | 600 |
|  |  | parcela | 800 |

Se accede por C. 550 de Pontevedra a El Grove por la costa, con tráfico regular. Arbolado de Pinos y chopos con sombra media y zona verde. Situado en bello paisaje típico de esta Costa. Playas arenosas, abiertas y protegidas. Próximo a localidades de interés turístico e histórico-artístico. Instalaciones modernizadas.

---

**A FREIXA**  3.ª C ☎ 640299
Situado en **Puenteareas**. Ribadetea
Abierto de Junio a Setiembre.  Capacidad: 240 personas.

**Precio por día:**

|  | Ptas. |  | Ptas. |
|---|---|---|---|
|  |  | coche | 180 |
| persona | 180 | caravana | 180 |
| niño | 110 | motocicleta | 110 |
| tienda ind. | 125 | coche cama | 220 |
| tienda fam. | 180 | autocar | 300 |

Después de escoger uno de los campings, escribe una carta para reservar sitio suficiente para todas las personas de tu clase que han escogido el mismo camping. Vais a ir allí en setiembre.

## Hay un error aquí

quí tienes la tarifa para el camping Cachadelos.

### CACHADELOS
**Precio por día:**

| | | Ptas. | | | Ptas. |
|---|---|---|---|---|---|
| | | | coche | 🚗 | 200 |
| persona | 🧍 | 225 | caravana | 🚐 | 200 |
| niño | 🧍 | 175 | motocicleta | 🏍 | 150 |
| tienda ind. | ⛺ | 175 | coche cama | 🛏 | 300 |
| tienda fam. | ⛺ | 200 | autocar | 🚌 | 1000 |

ste camping tiene un empleado nuevo. Preparó ta cuenta para un cliente.

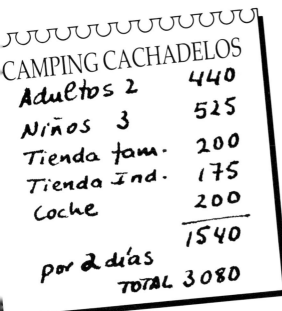

Here are some other bills he prepared for other campers. What would you say if one of them were yours?

ee la conversación de los dos señores:

mpleado – Buenos días ¿Vds se van hoy?
Cliente – Sí, nos vamos ahora. ¿Cuánto es?
mpleado – Aquí tiene la cuenta.
Cliente – Gracias . . . . Oiga, me parece que hay un error aquí.
mpleado – A ver.
Cliente – Dos adultos a doscientas veinticinco son cuatrocientas cincuenta. Aquí pone cuatrocientas cuarenta.
mpleado – Ah sí, tiene razón. Lo siento.

### ¿Qué dicen?

Mira las fotos y lee el texto detenidamente. Luego imagina lo que dicen las personas en cada foto, y practica los diálogos con tu pareja.

Estos dos jóvenes ingleses llegan a Santander. Han venido en el ferry desde Plymouth. Buscan un camping y por lo tanto van a la oficina de turismo a pedir información. El empleado les recomienda el camping Bellavista que está a media hora en autobús.

Este chico va a la recepción del camping para ver si hay sitio. Tiene una tienda pero no tiene coche. Afortunadamente el camping no está completo todavía. Quiere pasar tres días en Santander. La encargada le dice que hay un espacio, debajo de los árboles, la parcela número 39.

Después de montar la tienda este chico quiere ducharse y quiere comer algo porque tiene hambre. Pregunta a otra campista dónde están los aseos y si hay un restaurante en el camping. Ella le dice que los aseos están cerca, al lado de las caravanas, y que hay una cafetería cerca de la entrada. Allí se come bien.

Un grupo de jóvenes se van. Han pasado tres días muy agradables y vuelven a la recepción a pedir la cuenta. Tienen que pagar 180 pesetas por persona por día, más 210 pesetas por día por la tienda y también 170 por la furgoneta. Después de pagar la cuenta se despiden de la encargada. Ella les desea «Buen viaje».

## Los albergues juveniles

e apetece pasar unos días en España, o si quieres orrer el país explorando todas las maravillas que e la pena visitar, ¿por qué no te alojas en un ergue juvenil? Son muy baratos, tienen todo lo e se necesita para unos días y en ellos se reúnen enes de todas partes del mundo.

**Infórmate**

Para más información sobre los albergues españoles, escribe a la siguiente dirección:
Red Española de Albergues Juveniles
José Ortega y Gasset, 71
Madrid 28006.

## ¿Qué sabemos de este albergue?

. guías como la de los Albergues Juveniles tienen dar a sus lectores mucha información en poco acio. Por eso utilizan símbolos. El significado de unos de ellos se explica a continuación.

uí tienes lo que pone en la Guía de Albergues eniles sobre el albergue en Reinosa, cerca de tander:

> **Reinosa** ♠ "Alto Ebro", c/Jiménez Díaz 8.
> Reinosa (Cantabria). ━ 100 ＼ 🚋 & 🚌
> 1.8 km 🏠e(�) ☎ 942/750516.

ánto sabemos del albergue en Reinosa?

llama el hostal «Alto Ebro» y está en la calle énez Díaz número ocho, en Reinosa, Cantabria. ne cien camas, se sirven comidas y hay una ción de ferrocarril y una parada de autobús a 1.8 metros. Los grupos tienen que reservar y su nero de teléfono es el 942/750516.

os símbolos te parecen buenos? ¿Podrías inventar os mejores?

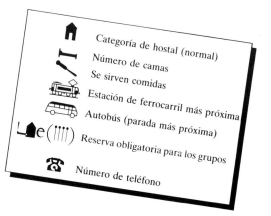

Aquí hay más. ¿Qué significan?

Escoge uno de estos albergues y descríbelo a tu pareja, sin decir cómo se llama. ¿Sabe cuál albergue describes?

> **Vigo** ♠ c/Cesáreo González, s/n Vigo, Pontevedra. ━ 16 ＼ 🏠 🚋 Vigo 🚌 🏠e(�iiii) ☎ 986/290808.
>
> **Villanueva de Arosa** ♠ (+ ⛺) AJ "Las Sinas", Playa de las Sinas, Villanueva de Arosa, Pontevedra. ⬜ 1.1-31.8 ━ 96 ＼ 🚋 6 km 🚌 🏠e(�iiii) ☎ 986/554081.
>
> **Polanco** 🏠 RJ "José Mª de Pereda", Barrio de la Iglesia, Polanco (Santander). ⬜ 1.7-31.8 ━ 100 ＼ 🚋 Requejada, 3 km: Torrelavega, 6 km 🚌 100 m 🏠e(�iiii) ☎ 942/824227.
>
> **Pontevedra** 🏠 Residencia Juvenil "Atlántico", Padre Fernando Olmedo, 3 Pontevedra. X: 16.9-30.9 ━ 26 (1.8-15.9 ━ 104) ＼ 🏠 🏠e(�iiii) ☎ 986/857758.
>
> **Portomarín** ♠ "Benigno Quiroga", Portomarín (Lugo). ━ 36 ＼ 🛁 🚋 🚌 Lugo-Portomarín 🏠e(�iiii) ☎ 982/545022.
>
> **Rucandio** ♠ Barrio Iglesia, s/n, Rucandio, Santander. @ 25 ━ 30 🍴 🚋 Santander, 25 km.

9

### ¿Tiene una cama libre?

Ya sabes lo que hay que decir cuando llegas a un camping. Si vas a un albergue es muy parecido, así que no vas a tener problemas:

Chico – Buenas tardes. ¿Tiene camas libres?
Encargada – ¿Para cuántas personas?
Chico – Somos dos.
Encargada – ¿Chicos o chicas?
Chico – Un chico y una chica. ¿Hay sitio?
Encargada – Sí, hay sitio. ¿Os quedáis cuánto tiempo?
Chico – Tres noches.
Encargada – Bueno, ¿tenéis tarjetas de afiliación?
Chico – Sí. Tenga.
Encargada – Vale. ¿Me queréis rellenar estas fichas?
Chico – Sí . . . ¿Cuánto es?
Encargada – Son 450 pesetas por persona, por noche; está incluido el desayuno. ¿Queréis alquilar sábanas?
Chico – No gracias. Tenemos un saco de dormir.

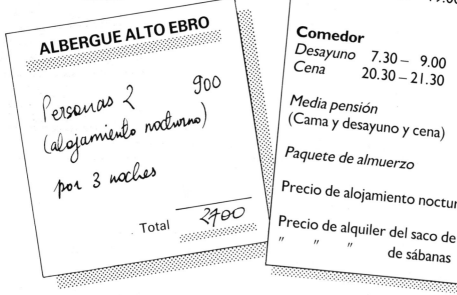

ALBERGUE ALTO EBRO

Personas 2       900
(alojamiento nocturno)

por 3 noches

Total    2700

**ALBERGUE ALTO EBRO**

**HORARIO Y TARIFAS**

**Recepción**   9.30 – 12.00
15.00 – 19.00

¡ATENCIÓN! El alberg
está cerrado entre las
12h las 15h de la tarde

**Comedor**
Desayuno   7.30 – 9.00
Cena        20.30 – 21.30        100 pese
                                 375 pese

Media pensión
(Cama y desayuno y cena)            750 peset

Paquete de almuerzo                 250 peseta

Precio de alojamiento nocturno     450 (inc.
                                   desayuno)
Precio de alquiler del saco de dormir  400 pesetas
   "      "      "    de sábanas      250 pesetas

🔊 Escucha ahora a varias personas que llegan al albergue Alto Ebro. Mira la tarifa. Tú vas a preparar una cuenta para cada persona o cada grupo.

Ahora te toca. Practica con tu pareja los diálogos siguientes.

1 Vas de vacaciones con dos amigos y quieres pasar una noche en el albergue. Tú tienes un saco de dormir pero tus amigos no.

2 Vas solo(a) y quieres pasar tres noches en el albergue. Tienes un saco de dormir.

3 Vas con un grupo de cinco amigos y queréis pa dos noches en el albergue. Las dos chicas no tienen saco de dormir, pero los chicos sí.

4 Llegas a un albergue con un amigo o una amig Queréis pasar una noche sólo allí. Llegáis bast tarde y queréis cenar pero ya no se sirven com en el albergue.

## Quisiera saber . . .

gas al albergue Alto Ebro a las ocho de la tarde.
ás solo(a). Quieres pasar dos noches allí. No
es saco de dormir. Tienes mucha hambre.
ntesta a las preguntas del encargado:
Para cuántas personas?
Te quedas cuánto tiempo?
Me quieres rellenar esta ficha?
Vas a cenar?
Quieres alquilar sábanas?

Tú también necesitas información. Quieres saber:
a qué hora se sirve el desayuno
a qué hora se sirve la cena
el precio de estas comidas
a qué hora se abre la oficina por la mañana
si se cierra el albergue durante el día

Pide a tu pareja que haga el papel del encargado.
Todos los detalles que necesita están en la página 10.

## ¿Un albergue . . . o un camping?

los albergues y en los campings ves muchos
bolos, letreros y avisos. Aquí tienes algunos: Haz
listas,
le los que verás en un albergue,
le los que verás en un camping,
le los que verás en los dos.
é significa cada uno?

Aseos/duchas →

La jornada turística termina a las 12h

Cocina

Se prohibe fregar y lavar la ropa en los lavabos

ABIERTO TODO EL AÑO

Prohibido comer en los dormitorios

Se prohiben animales

TELÉFONOS

Se prohibe encender fuego

Velocidad máxima 5km/h

Si marcha antes de las 8 h, pague la noche anterior

Agua Potable

Comedor

Silencio después de las 23h

NO FUMAR

Parque Infantil →

Recepción cerrada hasta las 5

Paquete de Almuerzo 250 ptas

Restaurante

NO TIRE AGUAS SUCIAS EN EL SUELO

Bar

Los perros deben estar atados

Supermercado
Abierto: 10.00 – 12.00
3.00 – 7.00

Dormitorio Masculino

## Ventajas y desventajas

puedes ir a un camping o a un albergue juvenil
problemas. Sabes qué decir y entiendes lo que te
en a ti. Pero ¿cuál prefieres? ¿Cuáles son las
tajas y las desventajas de los campings y los
ergues? Haz una lista de lo bueno y lo malo en los
pings y albergues, y luego lee tu lista a tu pareja,
er si está de acuerdo contigo. Luego pídele que te
su lista.

**mplo:**
> Tú – En los albergues, lo bueno es que se
> sirven comidas.
>
> pareja – Es cierto, pero en muchos campings
> hay un restaurante o una cafetería,
> entonces no es una verdadera ventaja.
>
> Tú – En los campings, lo malo es que hay
> que ir a buscar agua.
>
> pareja – Sí, es cierto, estoy de acuerdo contigo.

¿Tal vez os gustaría considerar estas ideas para
empezar?

> Es más cómodo cuando hace mal tiempo.
> A menudo hay una piscina.
> No admiten a los que no tengan 13 años.
> Hay que montar la tienda aunque llueva.
> Hay que compartir una habitación.
> Puedes vivir al aire libre.
> Hay que ayudar con las tareas.

▣ Escucha una conversación entre dos jóvenes
españoles. A ver si estás de acuerdo con uno de
ellos.

## Ahora la prueba . . .

**1** You are touring Spain in a caravan with your family. Someone recommends a campsite further along the coast near an area you would like to visit. You decide to ring them, check what facilities they have and make a booking. Your partner will play the part of the **encargado** using the information below.

• • • • • • • • • • • • • • • • • • • • •

**Tarragona** 🏕 RJ "San Jordi", Avda. President Companys s/n, Tarragona.   1.9-30.9 + 24.12-27.12 ⊷ 62 (1.7-31.8 ⊷ 210) ⬔(🔲) 🚐 🚃 ⌐⬤e(∭) ☎ 977/210195.

• • • • • • • • • • • • • • • • • • • • •

**2** When you arrive at the campsite, there is a list of regulations in the office which you have to explain to your parents. The owner sees you and asks if you will translate the regulations for other English visitors to the site.

**3** Your Spanish group decides to go and spend a week in Santander, staying at the youth hostel. The entry for the youth hostel in Santander contains this symbol:

⌐⬤e(∭)

Write a letter to comply with this instruction.

**4** 📼 At the youth hostel you go into the office to ask for information about various things. There are several people in the office who are also asking questions. If you listen carefully you may find out what you need to know before you get to the head of the queue, or you may just have to be patient. This is what you need to know:

  **a** where to catch the bus into town
  **b** whether the youth hostel closes during the day
  **c** what time breakfast is served
  **d** whether you can have a packed lunch

### Camping – PLAYA JOYEL –

**Tfno. 942–630081–NOJA   Parcela n.° _____**

Les rogamos lean y cumplan el Reglamento de Régimen Interior fijado en Recepción.

**LES RECORDAMOS:**
– Sigan en todo momento las instrucciones del personal del Camping
– Si esperan visitas, avisos a correspondencia, indiquen siempre el número de parcela.
– La velocidad está limitada a 10 kms./h.
– Las puertas del Camping estarán cerradas al acceso de vehículos desde las 24h. a las 8h.

**ESTÁ EXTRICTAMENTE PROHIBIDO:**
– Depositar papeles y basuras fuera de los recipientes.
– ENTRAR INVITADOS SIN PERMISO DE LA DIRECCIÓN.
– Los ruidos y molestias a los acampados y muy especialmente radios y televisores, desde las 24h. a las 8h.
– Fregar y lavar en las fuentes: son exclusivamente para tomar agua.
– El acceso a todas las instalaciones del Camping y muy especialmente a los sanitarios, de los menores de 10 años, que no vayan acompañados por adultos.
– Andar en bici fuera de la zona autorizada.
– Cambiar de emplazamiento sin permiso.

## *hora sabes . . .*
w you know . . .

| | |
|---|---|
| how to book accommodation at a campsite or youth hostel | ¿Hay sitio? <br> ¿Tiene una cama libre? <br> Tenemos una tienda/caravana/un coche. <br> Somos dos chicos(as). <br> Estoy solo/a. <br> Somos dos adultos y dos niños. <br> Para tres días/noches. <br> ¿Cuánto es por día? |
| how to reserve a pitch or a bed | Desearía me reservara un espacio/dos camas por <br> . . . días, a partir del . . . hasta el . . . <br> Somos . . . y tenemos . . . . <br> Le ruego me comunique los precios. <br> Le ruego me informe sobre el depósito que debo <br> remitirle. |
| how to understand the warden's questions | ¿Qué tiene(n)? <br> ¿Cuántas personas sois/son? <br> ¿Para cuántos días? <br> ¿Os quedáis/se quedan cuánto tiempo? <br> ¿Chicos o chicas? <br> ¿Tenéis tarjetas de afiliación? <br> ¿Me quieres/quiere rellenar esta ficha? |
| how to ask about facilities | ¿Dónde está(n) <br> las duchas <br> los aseos <br> el salón social <br> la lavandería <br> el parque infantil <br> los fregaderos <br> los cubos de basura <br> el dormitorio para chicos(as) |
| how to understand some of the signs in youth hostels and on campsites | Se prohiben animales. <br> Velocidad máx 5km/h. <br> Se prohibe encender fuego. <br> La jornada turística termina a las 12. <br> Silencio después de las 23h. |
| how to check meal arrangements | ¿Se sirven comidas? <br> ¿Se puede comer aquí? <br> ¿Hay un restaurante? <br> ¿A qué hora se sirve el desayuno? <br> ¿Dónde está el comedor? |
| how to say that your bill is incorrect | Oiga, hay un error aquí. |

# ¡Que aproveche!

When you eat out in Spain, you will want to make sure that everything goes smoothly and that you enjoy your meal.

**By the end of this unit you will be able to:**
**book in advance for a meal at a restaurant,**
**understand a Spanish menu,**
**ask whether the dishes you want are**
**available and accept or reject other**
**suggestions,**
**ask for items to be changed or say that**
**something is missing,**
**pay the bill and ask if the service is included,**
**say you enjoyed your meal.**

 **¿Qué restaurante?**

Puede ser difícil elegir un restaurante o una cafetería. La oficina de turismo publica una lista en su guía, y hay muchos anuncios en los periódicos.

Imagina que pasas una temporada con una familia española que vive cerca de Madrid. Están mirando una página del periódico que contiene muchos anuncios de restaurantes. Preguntan qué piensas. Aquí está la página. ¿Qué restaurante te gustaría visitar?

Certain things are advertised which might affect your choice:

1 Which one mentions Spanish food in general?
2 Which three specialise in seafood?
3 Which one specialises in meat dishes?
4 Which one offers free parking?
5 Which two advertise dishes from outside Spain?
6 Which three offer Spanish regional dishes?
7 Which one is closed on Sunday and Monday?
8 Which four mention reserving tables?
9 Which one says it has facilities for dancing?
10 Which is most likely to offer **platos combinados?**

Viernes 8–VII–

# ELIJA RESTAURANTE

# Canónigos

## RESTAURANTE - CAFETERIA
### AIRE ACONDICIONADO
### BÓDAS - BANQUETES - CONVENCIONES

**P. DE CANONIGOS**
**LA GRANJA DE SAN ILDEFONSO (Segovia)**
**JUNTO A PALACIO - TELEFONO 47 11 60**

# Restaurantes La Trainera

### PRIMERA CASA EN PESCADOS Y MARISCOS

# Los Remos

### SALONES PARA BANQUETES

**SALONES PRIVADOS**

**Lagasca, 60**
**Tels. 435 89 54**
**275 47 17**
**MADRID-1**

**Carretera de La Coruña, Km. 12,**
**Tels. 207 72 30, 207 78 83**
**MADRID**

## Reservando una mesa

Cuando se reserva una mesa, hay que decir la fecha, la hora y el número de personas. Algunas veces se puede elegir la posición de la mesa dentro del restaurante.

Aquí tienes unas frases que puedes utilizar:

| | |
|---|---|
| ¿Puedo reservar una mesa? | Can I reserve a table? |
| ¿Hay una mesa libre?<br>– para cuatro personas<br>– para el sábado día veintiocho<br>– a las nueve de la tarde | Is there a table free?<br>– for four people<br>– for Saturday the 28th<br>– at 9 p.m. |
| Prefiero una mesa en la terraza<br>– lejos de la entrada<br>– cerca de la ventana<br>– en un rincón | I prefer a table on the terrace<br>– away from the door<br>– near the window<br>– in a corner |
| Está bien, gracias. | That's fine. Thank you. |
| Gracias, pero no me conviene. | Thank you, but that's not suitable. |

Y el director del restaurante puede decirte:

| | |
|---|---|
| ¿Para qué fecha? | For what date? |
| ¿Para qué hora? | For what time? |
| ¿Para cuántas personas? | For how many people? |
| ¿De parte de quién? | In what name? |
| Está reservada. | It is reserved. |
| No quedan mesas libres. | There are no tables left. |

## ¡Dígame!

El padre de Miguel está hablando por teléfono al director de un restaurante. ¿Qué se dicen? ¿Puedes emparejar las frases de cada uno?

- Me llamo Jaime Puente. ¿Hay una mesa cerca de la ventana?

- Buenas tardes. Quiero reservar una mesa.

- Para cuatro personas.

- Para el seis de setiembre.

- No importa. Muchas gracias.

- Para las ocho y media

Buenas tardes, dígame.
¿Para qué fecha?
¿Para qué hora?
¿Para cuántas personas?
¿De parte de quién?
Lo siento, sólo quedan mesas lejos de la ventana
Adiós, señor, y gracias a Ud.

## En el restaurante

ando entras en el restaurante, tienes que pedir al
narero si hay una mesa libre o no. Una vez
tado, vas a querer mirar la carta.

amarero puede decirte:

| | |
|---|---|
| ¿Tiene usted reserva? | Have you a reservation? |
| ¿Cuántos son ustedes? | For how many? |
| Aquí está la carta y la lista de vinos. | Here is the menu and the wine list. |

vas a necesitar frases como éstas:

| | |
|---|---|
| (No) hemos reservado. | We have (not) booked. |
| Somos cuatro. | There are four of us. |
| Traiga la carta, por favor. | Bring the menu, please. |

as a un restaurante con gente que no habla
añol, vas a tener que hablar por ellos. ¿Puedes
dar en esta situación?

narero – Buenas noches. ¿Tienen ustedes
reserva?
   Tú – (*Say you haven't booked.*)
narero – ¿Cuántos son ustedes?
   Tú – (*Say there are two of you.*)

narero – Hay una mesa cerca de la entrada.
   Tú – (*Say you prefer a table away from the
entrance.*)

narero – Pues, les preparo ésta.
   Tú – (*Ask the waiter to bring the menu.*)

narero – Sí, señora, en seguida.
¿Y para beber?
   Tú – (*Ask him to bring the wine list.*)
narero – Ahora mismo, señora.

###  *Buenas noches, señorita*

Trabaja con tu pareja. Uno de vosotros hace el papel del camarero. El cliente o la clienta dice:

1 si tienes reserva o no
2 cuántas personas sois
3 dónde prefieres la mesa
4 si quieres ver la carta o vas a tomar el menú (*set meal*).

Si quieres ver la lista de vinos, pídela.

Luego haced otro diálogo, cambiando de papeles.

Cuando tengas un momento échale una mano a González esa mesa de doce.

### *Mirando la carta*

Ahora quieres elegir qué comer y beber, consultando la carta. En esta carta, hay secciones para entremeses (*starters*), legumbres (*vegetables*), pescado (*fish*), carne (*meat*), postres (*desserts*) y bebidas (*drinks*).

¿Cuántas cosas puedes nombrar en inglés?

Quieres tomar algo de cada sección (pero no carne con pescado); ¿qué vas a tomar? ¿Y cuánto va a costar tu comida, sin el servicio?

---

## ☆ ☆ ☆ *Restaurante Cantábrico* ☆ ☆ ☆

### Horario: Almuerzo de 1 a 3.  Cena de 8.30 a 12.30

| Entremeses | | Carne | |
|---|---|---|---|
| *Ensalada mixta* | 150 | *Chuleta de ternera* | 450 |
| *Gazpacho andaluz* | 150 | *Bistec a la pimienta* | 650 |
| *Cóctel de gambas* | 200 | *Pollo al ajillo ½* | 350 |
| | | | |
| **Legumbres** | | **Postres** | |
| *Menestra de verdura* | 300 | *Flan* | 200 |
| *Espinacas* | 250 | *Fruta* | 200 |
| *Judías verdes* | 300 | *Helado* | 250 |
| | | | |
| **Pescado** | | **Bebidas** | |
| *Sardinas* | 300 | *Agua mineral* | 100 |
| *Bacalao* | 300 | *Zumo de fruta* | 150 |
| *Calamares romana* | 400 | *Cerveza* | 150 |
| | | *Vino blanco* | 100 |
| | | *Vino tinto* | 100 |

Servicio no incluido

# UNIDAD 2

## ¿Qué recomienda usted?

...uieres saber lo que recomienda el camarero, o si
...otras cosas que no vienen en la carta, puedes
...ir, por ejemplo:

| | |
|---|---|
| ¿Qué recomienda usted? | What do you recommend? |
| Hay pollo al ajillo? | Is there chicken in garlic sauce? |
| ¿Qué otras legumbres hay? | What other vegetables are there? |

...l camarero podría contestar:

| | |
|---|---|
| Recomiendo el menú. | I recommend the set meal. |
| Recomiendo el bistec a la pimienta y el bacalao. | I recommend the pepper steak and the cod. |
| Lo quiere muy hecho o poco hecho? | Do you want it well done or rare? |
| Es muy rico. | It's delicious. |
| De verduras hay menestra, espinacas y judías ...erdes. | The vegetables are: mixed veg., spinach and green beans. |
| ¿Quiere usted probar la chuleta de ternera? | Would you like to try the veal chop? |

...En el restaurante no sabes qué tomar, de modo
...escuchas a la gente en las mesas vecinas para
...er lo que recomiendan los camareros. En cada
..., ¿qué recomienda el camarero? ¿Qué cosas no
...n en la carta?

— En aquel restaurante cocinan pésimamente. He tenido que levantarme de la mesa disparado, con dolores de vientre.

 **¿Qué vamos a tomar?**

Vas a decir a tus amigos:

> ¿Qué vas a tomar?  
> ¿Qué vais a tomar?  
>
> ¿Y para ti?  
> ¿Y para vosotros?

El camarero podría preguntarte:

> ¿Han decidido?
>
> ¿Qué va (usted) a tomar?  
> ¿Qué van (ustedes) a tomar?

Cuando hayas escogido, dices:

> Hemos decidido.
>
> Para mí . . .
>
> Para él/ella . . .

La familia Magán consiste en Emilio, el padre, Josefa, la madre, y el pequeño Toni, el hijo. Entran en el Restaurante Hamlet y miran la carta. ¿Qué van a tomar?

Emilio – Bueno, ¿qué vamos a tomar? Toni, siéntate aquí, conmigo. ¿Qué vas a tomar?

Toni – ¿Hay tortilla, papá?

Emilio – Sí, hay tortilla española. ¿Quieres una ensalada mixta también?

Toni – Sí.

Emilio – ¿Y para ti, querida?

Josefa – Para mí, sopa minestrone, y espaguetti boloñesa.

Emilio – Vale. Me gustaría probar el gazpacho, y el bistec con una ensalada mixta. Para beber, agua mineral. ¿Y para vosotros? ¿Qué vais a tomar?

Josefa – Voy a compartir el agua mineral contigo.

Emilio – Y para Toni?

Josefa – Para él, una limonada.

Emilio – Hemos decidido. ¡Camarero!

Imagina que eres Emilio. Di a tu pareja lo que Emilio dice al camarero.

 **El postre**

La familia ha comido bien; ahora van a tomar el postre. ¿Qué cosas no vienen en la carta?

Josefa – Fue delicioso. ¿Qué vamos a tomar postre?

Emilio – En la carta, sólo hay helados.

Josefa – ¡Camarero! ¿Qué otros postres hay?

Camarero – Hay fruta, flan, tarta, pastel . . . .

Josefa – Para mí, una tarta. ¿Y para ti, Toni?

Toni – Un helado.

Josefa – ¿Y tú, querido?

Emilio – Para mí, un flan.

Josefa – Entonces, para nosotros . . . . ¡Camarero!

Imagina que eres Josefa.
¿Qué dices al camarero (tu pareja)?

## ¡Te toca a ti!

Discute la carta del Restaurante Hamlet con tu pareja. ¿Qué te gusta a ti pero no a tu pareja? ¿Qué vais a comer? ¿Y para beber? ¿Cuánto va a costar en total?

Por ejemplo, podéis deciros:

Tú – Bueno, ¿qué vamos a tomar de primer plato? A mí me gusta el gazpacho.

Tu pareja – A mí no me gusta. Prefiero la sopa minestrone.

Tú – ¿Y de segundo plato? ¿Qué vas a tomar?

Tu pareja – Yo, los calamares romana con una ensalada mixta. ¿Y para ti?

Tú – Para mí, el combinado de pescado.

Tu pareja – ¿Y de postre?

Tú – Un helado para mí.

Tu pareja – Yo voy a tomar un flan.

Tú – ¿Y para beber?

Tu pareja – La sangría.

Tú – De acuerdo. ¿Y cuánto va a costar?

Tu pareja – Vamos a ver, el gazpacho 150, la sopa 200, los calamares 400, la ensalada mixta 150, el combinado de pescado 800, el helado 100, el flan 100, la sangría 450. ¡Va a costar 2.350 pesetas!

Luego, con tu pareja (el camarero) pide lo que habéis escogido.

## ¡Camarero! ¡Hay un problema!

Algunas veces las cosas no van bien del todo. Te falta algo, o tienes un cuchillo sucio . . . .

Aquí tienes unas frases útiles:

| | |
|---|---|
| Tengo un plato/vaso sucio. | I have a dirty plate/glass. |
| Tengo una cuchara sucia. | I have a dirty spoon. |
| ¿Puede usted cambiarme este cuchillo? | Can you change this knife for me? |
| Me falta un tenedor. | I haven't got a fork. |
| No hay mostaza/aceite/vinagre. | There's no mustard/olive oil/vinegar. |
| Tenemos un mantel sucio. | We have a dirty tablecloth. |
| Este vino está malo. | This wine is bad. |
| ¿Hay libro de reclamaciones? | Is there a complaints book? |

Y el camarero puede decirte:

| | |
|---|---|
| Oh, lo siento, señorita. | Oh, I'm sorry, miss. |
| Le traigo una cuchara limpia. | I'll bring you a clean spoon. |
| Se lo/la traigo en seguida. | I'll bring it at once. |
| Lo/la voy a cambiar. | I'll change it. |

### Chiste
– Y usted, ¿qué desea tomar? – dice el camarero al cliente.
– De momento, nada. No tengo apetito.
– ¿Y usted? – dice el camarero al cliente de la mesa de al lado.
– Tráigame lo mismo, pero con patatas.

*¡Oiga, camarero!*

Haz un diálogo con tu pareja (el camarero). Tienes que explicarle el problema según los dibujos. Si hay una X, falta algo; si hay un punto de exclamación (!), algo está sucio o malo.

**Ejemplo:**
¡Camarero/Señorita! No tengo cuchillo.

Tu pareja puede escoger una respuesta apropiada de las que están abajo.

**Ejemplo:**
Se lo traigo en seguida.

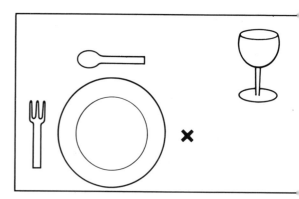

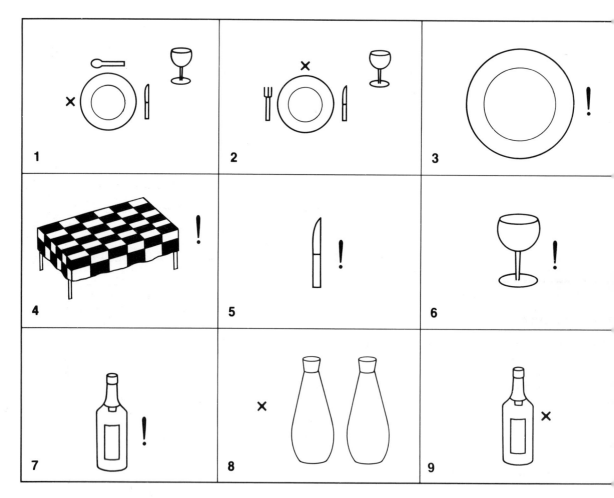

Aquí están las respuestas:

1 Se la traigo en seguida.
2 Oh, voy a traer otro vaso.
3 Se los traigo inmediatamente.
4 ¿Quito el vino, entonces?
5 Voy a ponerles otro.
6 Se lo traigo en seguida.
7 ¿No tiene vino? ¡Perdón!
8 Aquí hay otro cuchillo.
9 Oh, voy a traer otro plato.
Luego cambiad de papeles.

## El libro de reclamaciones

Si tienes muchas quejas, o quejas serias, ten en cuenta si en el restaurante hay un letrero que dice 'Hay libro de reclamaciones', o sencillamente 'Hay libro'.

Aquí tienes unas quejas escritas en un libro de reclamaciones. ¿Cuáles te parecen serias? ¿Cuáles son poco graves?

Servicio muy lento; tuvimos que esperar media hora entre platos.

Pedí un bistec muy hecho y dos veces el camarero me trajo uno poco hecho.

El camarero no era muy cortés; le llamamos ocho veces y por fin no nos hizo ningún caso.

Tuvimos un tenedor y una cuchara sucios; ¡todo restaurante debe mantener estas cosas limpias!

La comida aunque bien guisada, estaba casi fría. Por eso no nos gustó.

En la cuenta nos cobraron el servicio, pero el camarero nos pidió una propina también; ¡no nos gusta pagar dos veces!

Pedimos una mesa cerca de la ventana pero nos dieron una al lado de la entrada. ¡No muy cómodo!

## La cuenta

Finalmente, hay que pagar la cuenta. Mira esta cuenta de un restaurante en España.

Aquí tienes una lista en inglés de algunas cosas que tomaron los clientes. ¿Puedes encontrarlas en la cuenta?

Prawns in garlic
Shellfish soup
Cod
Chicken in garlic sauce
Veal steak
Wine, bread
Various starters
Eggs flamenco-style
Garlic soup

El IVA (impuesto sobre el valor añadido) está incluido. ¿Está incluido el servicio?

BAR - RESTAURANTE
**El Clavel**
C/. CLAVEL, 4 · TELEFONO 21 72 14
SALAMANCA, 6 de 8 de 198 6

| | Pesetas | Cts. |
|---|---|---|
| 2 Espinacas Crema | 750 | - |
| 2 Entremeses Vdos | 700 | - |
| 1 Sopa Ajo | 275 | - |
| 2 " Mariscos | 700 | - |
| 1 Alcachofas frias | 325 | - |
| 2 Ensaladilla | 550 | - |
| 1 Huevos flamenca | 300 | - |
| 1 Lenguado R. | 550 | - |
| 1 Lengua | 400 | - |
| 1 Pollo Ajillo | 400 | - |
| 1 Bacalao | 475 | - |
| 2 Cordon Blu | 1200 | - |
| 3 Filete Ternera | 1500 | - |
| 1 Merluza Vasca | 575 | - |
| 1 Gambas Ajillo | 550 | - |
| Sangría, Vinos | 2060 | - |
| Postres, pan | 2000 | - |
| | 13.290 | - |
| IVA 6% | 797 | |
| | 14.087 | |

23

## Ahora la prueba . . .

**1** To prove you can do all this, practise taking the part of the customer with your partner in these dialogues:

**a** *Booking a table*

Camarero – Buenas tardes. Dígame.

Tú – (*Say good evening, you would like to reserve a table for three people.*)

Camarero – ¿Para qué fecha?

Tú – (*Say it is for Saturday, 23rd August.*)

Camarero – ¿Para qué hora?

Tú – (*Say it is for nine o'clock.*)

Camarero – ¿De parte de quién?

Tú – (*Give your name and say you would like a table away from the entrance.*)

Camarero – Muy bien. Está reservada.

Tú – (*Say thank you and goodbye.*)

**b** *Arriving at a restaurant*

Camarero – Buenas noches, señores. ¿Tienen reserva?

Tú – (*Say no, you haven't booked.*)

Camarero – ¿Cuántos son ustedes?

Tú – (*Say there are four of you.*)

Camarero – ¿Quieren sentarse aquí?

Tú – (*Say you prefer to sit near the window.*)

Camarero – Muy bien; hay una vista estupenda.

Tú – (*Ask the waiter to bring the menu and the wine list.*)

Camarero – En seguida, señores.

Tú – (*Say thank you.*)

**c** *At the meal*

Camarera – ¿Señorita?

Tú – (*Ask what the waitress recommends.*)

Camarera – El bistec es la especialidad de la casa.

Tú – (*Order vegetable soup, steak well done and chips.*)

Camarera – ¿Y para beber?

Tú – (*Ask for a fruit juice.*)

Camarera – Muy bien, señorita.

Tú – (*Say you haven't got a knife.*)

Camarera – Oh, perdón, se lo traigo en seguida.

**d** *After the meal*

Tú – (*Call the waitress and ask for the bill.*)

Camerera – Aquí tiene usted.

Tú – (*Ask if the service and VAT are included.*)

Camarera – Sí señor, todo.

Tú – (*Say there is a mistake; the total should be 1.800 pesetas.*)

Camarera – A ver . . . sí, tiene usted razón. Perdón. ¿Le gustó la comida?

Tú – (*Say yes, it was delicious.*)

Camarera – Gracias, adiós.

**2** A restaurant in your town is holding a special Spanish evening. The manager has asked you to tell him how to write certain items in Spanish, to give an authentic flavour to the menu. Can you help?

Starters: Fish soup
Onion soup
Mixed salad
Tomato salad

Omelettes: Spanish omelette
Ham omelette
Prawn omelette

Fish: Paella Valencian style
Squid in its ink
Cod
Sardines

Meat: Roast chicken
Chicken in garlic
Pepper steak
Pork chops

Sweets: Crème caramel
Fruit of the day
Ice cream
Gâteau

Drinks: Fruit juice
Beer
White wine
Red wine
Sparkling mineral water
Still mineral water
Coffee

VAT included. Service not included

Enjoy your meal!

## *hora sabes . . .*
w you know . . .

| | |
|---|---|
| how to reserve a table | ¿Puedo reservar una mesa para cinco?<br>¿Hay una mesa libre el jueves trece?<br>Quisiera una mesa en un rincón.<br>Mi apellido es . . .<br>A nombre de . . . |
| what to say on arrival | Hemos reservado una mesa en la terraza.<br>No he reservado.<br>No tengo reserva.<br>Somos cuatro. |
| what to say to the waiter or waitress | ¡Camarero! ¡Señorita!<br>Traiga la carta/la lista de vinos.<br>¿Qué recomienda usted? |
| how to order | Voy a tomar . . .<br>Para mí, un bistec muy hecho.<br>Para él, un bistec poco hecho.<br>¿Qué postres hay? |
| how to ask others what they are going to have | ¿Qué vas/vais a tomar?<br>¿Y para ti/vosotros? |
| how to understand what the waiter or waitress says | ¿Cuántos son ustedes?<br>No quedan mesas libres cerca de la ventana.<br>Recomiendo el gazpacho.<br>¿Han decidido?<br>¿Qué van a tomar?<br>¿Y para beber? |
| more items on the menu | espinacas     chuleta de cerdo<br>judías verdes  chuleta de ternera<br>calamares    pollo al ajillo<br>bacalao      melocotón<br>tortilla española tarta helada<br>bistec       tarta<br>pollo asado   zumo de fruta |
| how to cope with problems | Me falta un plato/vaso/cuchillo.<br>No hay aceite/vinagre/mostaza.<br>Tengo una cuchara sucia.<br>El vino está malo.<br>¿Hay libro de reclamaciones?<br>¿No hay un error?<br>¿El servicio/IVA está incluido? |

## *Los grandes almacenes*

All big towns and cities in Spain have department stores where you can buy almost anything. If you can find your way around, shopping can be fun, and you may unearth some bargains.

**By the end of this unit you will be able to: understand store signs and announcements, ask where you can buy certain items; in which department and on which floor, ask for the item you want and understand what the shop assistant says to you, ask for articles to be gift-wrapped and check your change.**

### *Nueve tiendas dentro de una*

En estos almacenes ¿a qué planta vas para hacer estas compras?

Una película para tu cámara
Una muñeca para tu hermana menor
Unos vaqueros para tu hermano
Una nueva raqueta de tenis
Un jersey para tu madre
Una taza de café
Una cinta para tu Walkman
Una moneda antigua

¿Y adónde vas para mirar las computadoras más modernas?

**VIVA LOS FESTIVALES**
también en **laínz**
a 100 metros de la Plaza Porticada

## NUEVE TIENDAS ESPECIALIZADAS

PLANTA SOTANO - Cine-Foto-Sonido-Video

PLANTA BAJA - Cafetería, Perfumería, T.V.-Electrodomésticos - Informática

PLANTA PRIMERA - Hogar-Regalo

PLANTA SEGUNDA - Hogar-Textil

PLANTA TERCERA - Señora

PLANTA CUARTA - Caballero

PLANTA QUINTA - Niños

PLANTA SEXTA - Deportes-Juguetes

PLANTA SEPTIMA - Numismática

**laínz**

Imagina que estás haciendo estas compras en compañía de una persona española. Él o ella quie ir a otras secciones mientras tú compras tus cosas Tienes que decirle adónde vas, para que podáis encontraros.

***Ejemplo:***
En el primer caso dices:
– Voy al sótano a comprar una película para mi cámara.

Túrnate con tu pareja para decirle adónde vas pa hacer tus compras.

## ¿Qué planta? 📼

Estás en los almacenes Laínz con unos amigos españoles. Ellos están hablando de varias cosas que han comprado y que a ti también te gustan. Quieres saber a qué plantas tienes que ir para buscar las cosas. Escuchas lo que dicen tus amigos, miras la publicidad de los almacenes Laínz, y para no olvidar, haces una lista de las cosas que mencionan y las plantas donde se encuentran.

---

## El Corte Inglés

En los grandes almacenes se pueden hacer otras cosas además de hacer compras. El Corte Inglés, por ejemplo, publica una guía de otros servicios:

### GUIA DE DEPARTAMENTOS

**El Corte Inglés**

| | |
|---|---|
| 5ª PLANTA: | Cambio de moneda extranjera |
| 4ª PLANTA: | Cafetería, Restaurante |
| 3ª PLANTA: | Agencia de viajes |
| 2ª PLANTA: | Óptica |
| 1ª PLANTA: | Objetos perdidos |
| PLANTA BAJA: | Reparación de joyas y relojes |
| SÓTANO: | Reparación de zapatos Fotocopias |

u want to:
  Change some money,
  Look for something you have lost,
  Photocopy some documents,
  Get some jewellery repaired,
  Look at some holiday brochures,
  Get something to eat and drink.

 which floors can you do these things?

## ¡Señoras y señores!

En los almacenes es útil poder entender los anuncios que se hacen en los altavoces.
Vas a oir frases como éstas:

| | |
|---|---|
| Estos almacenes están abiertos hasta las nueve. | This department store is open until nine o'clock. |
| Los viernes estamos abiertos más tarde. | On Fridays we are open later. |
| En la sección de confección señoras hay grandes rebajas. | In the ladies' clothes department there are big reductions. |
| ¡Esta semana gran liquidación! | Big sale this week! |
| ¡No olviden nuestra oferta especial de discos en la planta baja! | Don't forget our special offer on records on the ground floor! |
| ¡Precios más bajos de la ciudad! | Lowest prices in town! |
| ¡Los mejores precios! | The best prices! |
| Tenemos un gran surtido de confección infantil. | We have a big range of children's clothes. |

📼 Estás en los almacenes, buscando regalos para tus padres y tu hermano menor. No tienes mucho tiempo. También quieres comprar algo para ti mismo(a), y algo de comer. Oyes varios anuncios; quizá van a darte la información que necesitas:

At what time does the store close today?
Until what time is the store open on a Friday?
Which items are reduced?
Which items of gentlemen's clothing are specially mentioned?
What is on special offer in the supermarket?
What is the special offer on the fourth floor?
What claim is made about sports goods?

 **¡Grandes oportunidades!**

En los almacenes hay muchos anuncios de ofertas especiales. Buscas unos regalos para tu familia; una botella de perfume para tu madre, un monedero de cuero para tu hermana, una corbata para tu padre, y una camiseta para tu hermano de 14 años. ¿Vas a poder encontrarlos aquí a precios reducidos?

¿Qué otra posibilidad hay para tu madre?

No puedes decidir entre un cinturón de cuero o un disco para tu mejor amigo; ¿cuál puede encontrarse a precio reducido?

También buscas unas películas; ¿en qué planta puedes comprarlas más baratas?

¡Vas a necesitar una maleta más grande! ¿Dónde vale la pena buscarla?

---

 **¿Dónde puedo encontrar . . . ?**

Aquí hay un plano de la primera planta de unos almacenes:

## ¡GRANDES OPORTUNIDADES EN TODAS LAS PLANTAS!

5ª PLANTA: Enormes rebajas en fotografía.

4ª PLANTA: Grandes reducciones en la sección confección caballeros.

3ª PLANTA: Super oferta de confección para jóvenes 11 – 16 años.

2ª PLANTA: Precios reducidos en la sección de joyería.

1ª PLANTA: ¡Super venta de artículos de cuero!

PLANTA BAJA: Promoción especial de perfumería.

SÓTANO: ¡Especial vacaciones! Venta de artículos de viaje.

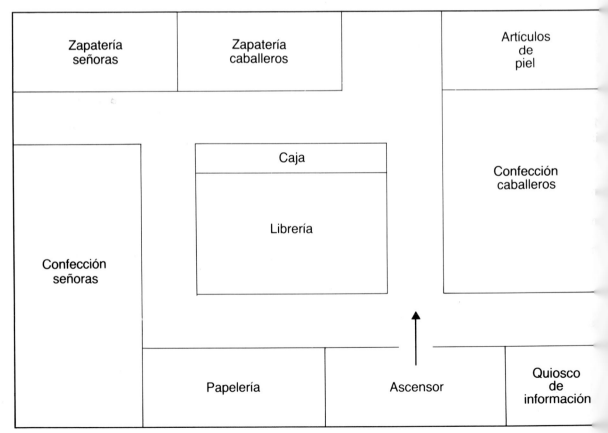

Como ves, hay un quiosco de información. Allí puedes preguntar, por ejemplo:

| | |
|---|---|
| ¿Dónde está la sección de juguetes? | Where is the toy department? |
| ¿Dónde puedo comprar unos vaqueros? | Where can I buy some jeans? |
| ¿Dónde se venden discos? | Where are records sold? |
| ¿Dónde puedo encontrar artículos de piel? | Where can I find leather goods? |
| Busco unos pañuelos; ¿dónde puedo encontrarlos? | I'm looking for some handkerchiefs; where can I find them? |
| ¿Dónde lo/la encuentro? | Where do I find it? |
| ¿Se venden flores en estos almacenes? | Are flowers sold in this store? |

la empleada puede decirte:

| | |
|---|---|
| Está en esta planta. | It's on this floor. |
| Los encuentra usted en la sección de confección caballeros. | You'll find them in the gentlemen's clothes department. |
| Está en la cuarta planta. | It's on the fourth floor. |
| Hay que tomar el ascensor. | You have to take the lift. |
| Hay que subir/bajar. | You have to go up/down. |
| Para eso, hay que ir al mercado/ a Correos. | For that, you have to go to the market/to the Post Office. |

Mira el plano de la primera planta, luego lee este diálogo:

Cliente – Señorita, por favor.
Empleada – Dígame.
Cliente – ¿Dónde puedo comprar sandalias?
Empleada – En la sección de zapatos para señoras.
Cliente – ¿Y dónde está?
Empleada – En esta planta. Hay que pasar entre la librería y la confección caballeros y torcer a la izquierda. Está al final del pasillo.
Cliente – Muchas gracias.
Empleada – De nada.

Pide a tu pareja que haga el papel del empleado o de la empleada de la Información. Tenéis que hacer diálogos semejantes. Primero, tú pides información sobre estas cosas:

una blusa
un billetero
una camisa
unos sobres

Luego, tú haces el papel del empleado o de la empleada de la Información. Tu pareja pide información sobre estas cosas:

un jersey (de señora)
un bolígrafo
un par de zapatos (de caballero)
una revista

## ¡Es la mejor rebaja!

Ves muchas frases de este tipo en los almacenes:

| | |
|---|---|
| Es el mejor valor. | It's the best value. |
| Es la mejor oportunidad. | It's the best buy. |
| Es el más elegante. | It's the most elegant. |
| – el más barato | – the cheapest |
| – el más práctico | – the handiest |
| – el más grande | – the biggest |
| – el más moderno | – the most modern |
| – el más fuerte | – the strongest |
| – el más lujoso | – the most luxurious |

Pero ¡cuidado! Raramente ves: el más caro (*the most expensive.*)

Tu amigo pide tu opinión sobre tres relojes que le muestra un dependiente:

**Ejemplo:**
Tu amigo – ¿Cuál es el más lujoso?
Tú – En mi opinión el más lujoso es éste, que cuesta 5.000 pesetas.

¿Cómo contestas a estas preguntas?

¿Cuál es el más moderno?
¿Cuál es el más elegante?
¿Cuál representa el mejor valor?

Escuchas la conversación entre tu amigo y el dependiente para ver si éste es de la misma opinión que tú.

## ¡Sí, lo compro!

Ahora imagina que eres un cliente, y quieres comprar una cámara. Pide a tu pareja que haga el papel del dependiente o de la dependienta.

La cámara más barata. La mejor rebaja! 5.000 ptas.

La más avanzada ¡La mejor ganga! 15.000 ptas.

La más práctica ¡Y la más elegante! 10.000 ptas.

pareja quiere comprar un billetero: ¿puedes
cer el papel del dependiente?

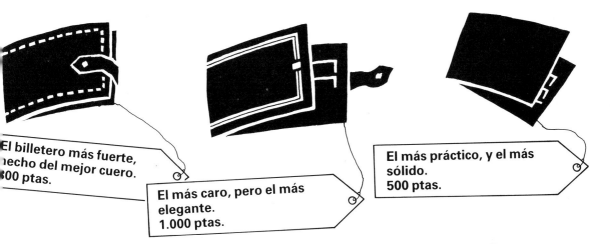

**El billetero más fuerte,
echo del mejor cuero.
00 ptas.**

**El más caro, pero el más
elegante.
1.000 ptas.**

**El más práctico, y el más
sólido.
500 ptas.**

almente, el director de una tienda en tu país que
ibe muchos clientes españoles te pide que hagas
os anuncios en español que describen estas cosas.
uedes escribirlos?

 ### ¿Lo envuelvo?

Si compras un regalo, el dependiente puede
envolverlo especialmente, y el servicio es gratuito.
'Puedes preguntar: '¿Me lo envuelve para regalo por
favor?' (*Will you gift-wrap it please?*)
Muchas veces el dependiente o la dependienta te
preguntará:

| | |
|---|---|
| ¿Lo envuelvo? ⎫<br>¿La envuelvo? ⎭ | Shall I wrap it up? |
| ¿Los envuelvo? ⎫<br>¿Las envuelvo? ⎭ | Shall I wrap them up? |
| ¿Es para un regalo? | Is it for a present? |

– Envuélvame éste. Es el que funciona mejor.

Tú dices:

| | |
|---|---|
| Sí, envuélvalo, por favor. | Yes, wrap it up please. |
| Sí, es para un regalo. | Yes, it's for a present. |
| No hace falta envolverlos. | There's no need to wrap them up. |

Imagina que compras estas cosas. Trabaja con tu
pareja. Uno de vosotros hace el papel del
dependiente, y pregunta al cliente si es necesario
envolver la cosa o las cosas. El cliente dice si se
trata de un regalo. Si lo es, dice 'Sí, envuélvalo por
favor' o 'Sí, envuélvala por favor', etc. Si no es un
regalo, hay que decir 'No, gracias, no hace falta
envolverlo', etc.

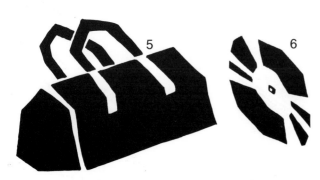

## ¡Cuidado con el cambio!

...ra este recibo. Una señora compró unos artículos ...piel en unos almacenes; aquí tienes lo que dijeron ...mpleado y la cliente. ¿Hay un error?

```
51409969   3  1285  1000352      13NOV86
                                       995
062   MARROQUINERIA    1               995
                 SUBTOTAL

                 EFECTIVO       1000
                  CAMBIO           5
                 COBRADO         995


   GRACIAS POR SU VISITA - PRINCESA
```

...pleado  –  Son 995 pesetas en total.
Cliente  –  Tenga, mil.
...pleado  –  Gracias. Y el cambio es de 15 pesetas.
Cliente  –  No, en el recibo dice cinco pesetas.
...pleado  –  Oh, sí, cinco. Perdón.

...baja con tu pareja para hacer diálogos con estos ...ibos. Si haces un error, ¡a ver si tu pareja lo nota!

```
51132520   3  1257  1006164      11NOV86
14  BEBIDAS
14  COMESTIBLES              1          685
               TOTAL COMPRA           1335
                                      2020

                 EFECTIVO      5000

                 RECIBIDO      5000
                  CAMBIO
        TOTAL COMPRA-SUPER     2980
                               2020
            2020

   GRACIAS POR SU VISITA -PRINCESA-
```

```
...027791   3  0039  0500045      09DIC86
                                      1100
...65   LIBRERIA    1                 1100
                 SUBTOTAL

                 EFECTIVO      2000
                  CAMBIO        900
                 COBRADO       1100


   GRACIAS POR SU VISITA - BILBAO -
```

```
...      3  5230  0507210
21065 LIBRERIA                    09DIC86
                 SUBTOTAL    1
                                   150
                                   150
                 EFECTIVO
                  CAMBIO       200
                 COBRADO        50
   GRACIAS POR SU VISITA - BILBAO -    150
```

```
51567402   3  2343  1000123      11NOV86
                               2       350
039   TURISMO    SUBTOTAL              350

                 EFECTIVO       350
                  CAMBIO          0
                 COBRADO        350


   GRACIAS POR SU VISITA - PRINCESA
```

## *Ahora la prueba . . .*

To prove that you can do all these things in a department store . . .

**1** Explain to a friend (your partner) who doesn't know any Spanish what these advertisements mean. Take turns to pretend not to know any Spanish!

**2** 📼 Listen to these directions being given by a shop assistant. In each case, which department is the customer being directed to, and on which floor is it?

**3** You are in the department store with your friend. Your partner will play the part of your Spanish friend. His/her responses are at the bottom of the page.

**a** Ask your friend where the lift is. Tell him or her that you are going to the sixth floor to look at the computers.

**b** Tell your friend that you want to buy some bread and ham. Ask where they sell them.

**c** Ask your friend where the stairs are because you want to go to the second floor to buy a record.

**d** Ask your friend if he or she would like to go to the cafeteria with you. Ask where you should go.

**4** You are buying presents for members of your family. Here is what you say to your Spanish friend (your partner) when you are discussing what to buy for your father:

> Tú – Tengo que comprar un regalo para <u>mi padre</u>.
> Tu pareja – ¿Qué vas a comprar para <u>él</u>?
> Tú – Pues, <u>un billetero</u>.
> Tu pareja – Vamos a la sección de <u>regalos</u> entonces.

Now prepare dialogues with your partner to buy presents for your brother, your mother and your grandparents by changing the words underlined.

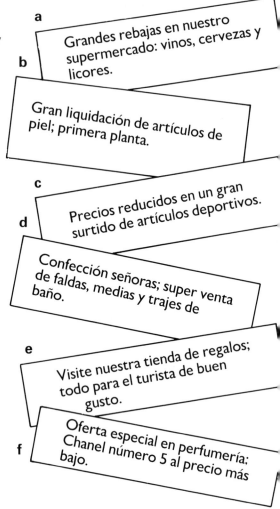

**a** Grandes rebajas en nuestro supermercado: vinos, cervezas y licores.

**b** Gran liquidación de artículos de piel; primera planta.

**c** Precios reducidos en un gran surtido de artículos deportivos.

**d** Confección señoras; super venta de faldas, medias y trajes de baño.

**e** Visite nuestra tienda de regalos; todo para el turista de buen gusto.

**f** Oferta especial en perfumería: Chanel número 5 al precio más bajo.

**5** You are buying a present in a department store. You have the following conversation with the shop assistant. Your partner will play the part of the shop assistant and then change roles.

> Dependiente – ¿En qué puedo servirle?
> Tú – (*Say you would like to buy this record.*)
> Dependiente – ¿Lo envuelvo?
> Tú – (*Say yes and that it is a present.*)
> Dependiente – Son 1490 pesetas.
> Tú – (*Give the assistant 1500 pesetas.*)
> Dependiente – Gracias, y el cambio 410 pesetas.
> Tú – (*Tell the assistant that the receipt say 510 pesetas.*)
> Dependiente – ¡Oh! sí. 510 pesetas. Perdón.

---

**a** Say it is on the right, next to the stairs.
**b** Say that they sell them in the supermarket in the basement.
**c** Say the stairs are between the menswear and the shoe department.
**d** Say yes, you would like that, you are very hungry. Say the cafetería is on the fifth floor.

# *hora sabes . . .*

v you know . . .

| | |
|---|---|
| now to understand store signs and announcements | Grandes rebajas/oportunidades<br>Gran liquidación<br>Oferta especial<br>Super venta |
| now to ask for information | Busco unos pañuelos; ¿dónde puedo<br>    encontrarlos?<br>¿Se venden películas aquí?<br>¿Dónde está la sección de juguetes?<br>¿En qué planta puedo comprar unos vaqueros?<br>¿Dónde lo/la encuentro?<br>¿Dónde está el ascensor/la escalera? |
| now to understand what the shop assistant says to<br>    you | Hay que $\left\{\begin{array}{l}\text{subir/bajar.}\\\text{tomar el ascensor.}\end{array}\right.$<br>Está en la segunda planta.<br>Hay que pagar en caja.<br>Es el más barato.<br>Es la más moderna.<br>Es el mejor valor.<br>Es la mayor oportunidad. |
| now to check your change | ¿No hay un error?<br>El total/el cambio debe ser . . . . |
| now to ask for items to be gift-wrapped, or say it's<br>    not necessary. | ¿Puede usted envolverlo?<br>Es para un regalo.<br>No hace falta envolverlo, gracias. |

## En tren

Spain has almost 8,000 miles of railways. Travelling by train is a marvellous way to see the country, and to meet people as well!

**By the end of this unit you will be able to:**
**buy a train ticket and make a reservation,**
**understand signs and announcements,**
**ask and inform others about arrival and**
**departure times,**
**check trains and platforms and ask whether a**
**seat is free.**

 ### La RENFE

La empresa que se ocupa de los trenes en España se llama RENFE – Red Nacional de los Ferrocarriles Españoles. En España hay trenes de todos los tipos: hay trenes Expresos y Rápidos, que son, digamos, los trenes normales. Luego hay los trenes Talgo, Intercity, Electrotrén, TER y Estrellas, que son los trenes especiales de largo recorrido. Son muy cómodos, pero hay que pagar un suplemento. Finalmente, hay los trenes más lentos, normalmente de cercanías: los trenes Tranvía, Ómnibus, Automotor, Semidirecto y Ferrobús.

## En la taquilla

Tú ya puedes comprar el billete para Segovia.

Haz un diálogo semejante sobre el otro billete.

Tú – Un billete para Segovia, por favor.
quillero – ¿De primera o de segunda?
Tú – De segunda.
quillero – ¿Ida y vuelta, o sencillo?
Tú – De ida y vuelta. ¿Cuánto es?
quillero – Son seiscientas noventa pesetas.
Tú – Tenga.
quillero – Gracias. Adiós.
Tú – Adiós.

## Un billete para . . .

mo ves, en un billete de tren hay mucha
ormación. En el billete para Segovia, además del
cio, encuentras la clase, la fecha y la hora en que
compró. Este billete de segunda clase se compró
Madrid Chamartín el día 23 de abril. El viajero
a Segovia, a una distancia de 102 kilómetros. Le
tó 690 pesetas. Es un billete de ida y vuelta.

ra estos billetes. ¿Cuánto puedes decir acerca de
la uno?

s un billete para . . . ?
s de primera o de segunda clase?
e ida y vuelta?
ónde se compró?
uándo se compró?
uánto costó?

ra esta conversación. ¿Cuál de los billetes compra
viajero?

Viajero – Buenos días. Un billete para Vigo.
quillero – ¿Ida y vuelta?
Viajero – No, sencillo.
quillero – ¿Primera o segunda clase?
Viajero – De segunda, por favor. ¿Cuánto es?
quillero – Son ciento veinticinco pesetas.

Trabajando con tu pareja, practica las
conversaciones entre el taquillero y el viajero para
comprar los otros dos billetes. Haz tú el papel del
viajero, y después de cinco minutos cambia de papel
con tu pareja.

37

## ¿Cómo se hace una reserva?

Si vas a hacer un viaje bastante largo, es mejor reservar un asiento.

Lee esta conversación; contiene unas frases útiles si quieres reservar un asiento.

Viajero – Quisiera un billete para Santiago para el día 15, con reserva de asiento.
Taquillero – ¿Primera o segunda clase?
Viajero – En segunda.
Taquillero – ¿Ida y vuelta?
Viajero – Sí, ¿cuánto vale?
Taquillero – 1.876 pesetas. ¿Fumador o no fumador?

Viajero – No fumador. Quisiera sentarme cerca de la ventanilla, si puede ser.
Taquillero – Vale; el día 15 me dijo, ¿no?
Viajero – Eso.
Taquillero – Bueno, aquí tiene Vd. Coche número 21, asiento número 86, cerca de la ventanilla. Sale a las 10.36.

Ahora trabaja con tu pareja y practica las siguientes conversaciones. Túrnate con tu pareja para hacer el papel del viajero o de la viajera en este dibujo:

## En la estación

Railway stations, particularly the very large ones, can sometimes be bewildering places. RENFE tries to help passengers by using symbols to show them where various facilities are located. Once you understand these symbols, finding your way round a station becomes easier, though you may still need help to find some of them.

A ver si entiendes todos estos pictogramas.

¿Cuáles de éstos te parecen importantes en una estación de ferrocarril? Haz una lista en español, empezando con el que te parece más importante y terminando con el que te parece menos importante. Por supuesto, todas las estaciones necesitan una entrada y una salida.

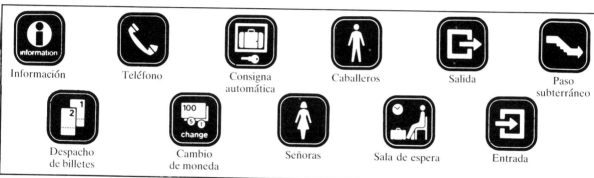

| | |
| --- | --- |
| Información | Teléfono |
| Consigna automática | Caballeros |
| Salida | Paso subterráneo |
| Despacho de billetes | Cambio de moneda |
| Señoras | Sala de espera |
| Entrada | |

¿Qué hay en la estación más cerca de tu casa? Haz una lista y compara tu estación con lo que hay en la primera lista que hiciste.

**Ejemplo:**
En mi estación hay una cantina también, pero no hay una sala de espera.

Escucha a estas personas que hacen preguntas a este señor. ¿Qué símbolo va con cada diálogo?

## ¿Qué dijo?

En las estaciones se oyen muchos anuncios. A menudo es muy difícil entender lo que dicen, ¡sea el idioma que sea! Normalmente, anuncian que un tren está a punto de salir o de llegar.

Lee los anuncios abajo. ¿Anuncian la llegada o la salida de un tren?

**3** Tren ómnibus procedente de Salamanca que tiene su llegada a las 13.43 está efectuando su entrada por vía cinco.

**1** Atención. Tren rápido Talgo, procedente de Oviedo, que tiene su llegada a las 22.20, efectuará su entrada por vía 10.

**4** Atención. Tren rápido TER, procedente de Madrid, efectuará su entrada por vía siete.

**2** Atención. Expreso Costa Verde, con destino a Oviedo – Gijón – Avilés, estacionado en vía seis. Faltan cinco minutos para que efectúe su salida.

**5** Tren rápido Talgo con destino a Málaga está estacionado en vía 15. Faltan dos minutos para que efectúe su salida.

Ahora escucha otros anuncios. ¿Cuánto entiendes?

## Información, por favor

Cuando viajas, es a menudo necesario pedir información en una oficina de información. Esta conversación tuvo lugar en la estación de ferrocarril de Santander.

Viajero – Buenos días. Quisiera ir a Santillana. ¿Me puede decir si hay un tren que va allí?
Empleada – ¿Cuándo piensa viajar?
Viajero – Pues, mañana o pasado mañana.
Empleada – Bueno, entonces hay dos trenes: el primero sale a las 10 y llega a las 10.45 y el otro sale a las 13.20 y llega a las 14.05.
Viajero – ¿Y para volver desde allí?
Empleada – Hay un tren que sale de Santillana a las 17.45.
Viajero – ¿No hay nada un poco más tarde?
Empleada – Sí, hay uno que sale a las 19.30 y llega aquí otra vez a las 20.15.
Viajero – ¿Y el precio del billete?
Empleada – ¿De ida y vuelta?
Viajero – Sí.
Empleada – Son 386 pesetas.
Viajero – ¿Es necesario sacar una reserva?
Empleada – No, no es necesario.

Trabaja con tu pareja para hacer este diálogo:

Viajero – (*Say you would like to go to Palenc[...] Ask if there is a train today.*)
Empleada – Sí, ¿por la mañana o por la tarde?
Viajero – (*Say you want to go this afternoon a[...] ask when the train leaves.*)
Empleada – Sale a las 14.25 y llega a las 17.
Viajero – (*Say you would like to return on Sunday. Ask what times the trains a[...] in the morning.*)
Empleada – Pues, por la mañana no hay. El prim[...] tren sale a las 13.50.
Viajero – (*Ask the price for a second class retu[...] ticket.*)
Empleada – Son 840 pesetas.
Viajero – (*Ask if you need to reserve a seat.*)
Empleada – No, no es necesario.

## En la estación de Bilbao

Trabajas en la oficina de información en la estación de Bilbao. Desde luego, los viajeros te ponen muchas preguntas. ¿Sabes contestar a éstas? Pide a tu pareja que te haga estas preguntas mientras tú miras la información abajo.
¿A qué hora sale el primer tren para Vigo mañana?
El tren para Madrid, ¿se para en Valladolid?
El tren para León, ¿lleva cafetería?
¿Hay un tren para Salamanca esta mañana?
¿Es posible ir a Zaragoza en tren?

Para ir a Madrid, ¿es directo o hay que cambiar?
¿A qué hora llega el tren para Valencia?
Tengo que estar en León mañana a las dos. ¿Me puede ayudar?
¿Hay un tren para Barcelona esta mañana? (*Son l[...] 11.30.*)

Escucha ahora a la señora que trabaja en la oficina de información. ¿Lo hiciste tan bien como ella? ¡Apuesto que sí!

| Núm. de Tren | Clase de Tren | Hora de salida de: Irtetzeko ordua | | | | DESTINOS | Llegada a destinos | Clase de Plazas |
|---|---|---|---|---|---|---|---|---|
| Tren - Zenbakia | Tren - Mota | Bilbao | Miranda | Logroño | Burgos | NORAKOAK | Heltzeko ordua | Bidai-Serbitzu Mota |
| 680 | Ter | 8.00 | 9.39 | – | 10.51 | León<br>Vigo (3)<br>Santiago<br>Coruña | 13.28<br>20.19<br>20.28<br>21.40 | 1.ª-2.ª-Cafetería |
| 11452 | Ter | 9.25 | 11.06 | 12.10 | – | Valencia<br>Zaragoza | 20.46<br>14.35 | 1.ª-2.ª-Cafetería |
| 640/641 | Ter | – | 12.40 | 13.49 | 11.33 | Barcelona | 21.53 | 1.ª-2.ª-Cafetería |
| 910 | Expreso | 10.10 | 12.10 | – | 14.12 | Salamanca<br>Valladolid<br>Madrid (1) | 17.48<br>15.47<br>17.33 | 1.ª-2.ª |
| 630 | Electrotren | 10.40 | 12.17 | 13.18 | – | Barcelona<br>Zaragoza | 20.05<br>15.23 | 1.ª-2.ª-Cafetería |
| 621/620 | Electrotren | – | 13.53 | – | 12.56 | Barcelona | 21.56 | 1.ª-2.ª-Cafetería |
| 30627 | Electrotren | – | 14.18 | 13.19 | 15.16 | Vigo | 23.21 | 1.ª-2.ª-Cafetería |
| 623/622 | Electrotren | – | 15.12 | – | 16.10 | Gijón-Santander | 21.21-20.40 | 1.ª-2.ª-Cafetería |

**RENFE**
SALIDA DE TRENES LARGO RECORRIDO Y CERCANIAS – BILBAO
A PARTIR DEL 28 DE SET. DE 1986
Teléfs. Información Bilbao: 423 86 36 - 35 - 34

(1) Transbordo en Burgos
Burgosen Trenaldaketa
(2) Via Aranda
Aranda burnibidetik
(3) Transbordo en Venta de Baños
Venta de Bañosen Trenaldaketa

## Más preguntas

Después de comprar tu billete te diriges hacia los andenes. Si no estás seguro(a) de algo, vale la pena preguntar.

**Ejemplo:**

Viajero – ¿Es éste el tren para Santiago?

Empleado – Sí señor, éste.

Viajero – El tren de Oviedo llega por vía 11, ¿verdad?

Empleado – No, por vía 1.

Te toca a ti emparejar las frases siguientes para hacer unos diálogos parecidos.

*Es verdad, sí*

*sí, en la vía número 3.*

*El tren de Madrid Chamartín llega en la vía 3, ¿verdad?*

*No, es de San Sebastián*

*¿Es este el andén 4?*

*¿Es este el tren de Salamanca?*

## ¿Está libre?

Éste es un coche de segunda clase. Es un coche de no fumadores. En este coche hay tres departamentos y en cada departamento hay ocho asientos. Dos de los departamentos están ya completos: todos los asientos están ocupados. Pero en el otro departamento todavía quedan asientos libres.

Escucha ahora unas conversaciones. Si está ocupado el asiento, dibuja una persona así: Si el asiento está libre, no dibujes nada.

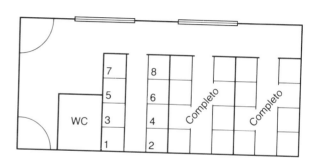

## ¡Ya sabes viajar en tren!

Mira estas fotos. En tu opinión:

¿Con quién hablan los pasajeros?

¿Qué preguntan?

¿Qué contestan?

**Ejemplo:**

En la foto número dos, creo que el viajero habla con el taquillero.

El chico pregunta:

¿Hay un tren para La Coruña esta tarde?

Luego el taquillero contesta:

No, el tren para La Coruña ya ha salido.

1

2

3

41

## Ahora la prueba . . .

**1** You need to travel from León to Santiago. You want to know:
- if the train goes direct to Santiago
- what time the train leaves and arrives
- the price of a second class return ticket
  Your partner will take the part of the **taquillero(a)** using the information provided.

| Núm. de tren | Clase de tren | Salida | Llegada | Destino | Clase de plazas |
|---|---|---|---|---|---|
| 352 | Electrotrén | 10:32 | 15:20 | Santiago[1] | 1ª 2ª Cafetería |

[1] *Transbordo en Orense*

```
10A6088
(10:02)
LEON
   SANTIAGO
KM        126
   IDA
  VUELTA
TARIFA    20
CLASE     2A
TREN

PTS.     560
```

**2** You want to reserve a seat on the 20.40 train to Madrid. You want a first class single and prefer to sit near the window in a non-smoking compartment. Ask how much it costs. Your partner will take the part of the **taquillero(a)** and say the following:

¿Primera o segunda clase?

¿Ida y vuelta?

Son 2.420 pesetas.

¿Fumador o no fumador?

**3** You are at the railway station listening to the announcements. Would you be able to help the people below who do not understand Spanish?

Where's the Bilbao train? It normally arrives at 9.00.

What time does the Oviedo train leave?

What time does the train from Pamplona arrive?

Am I too late for the Madrid train?

**4** Some non-Spanish-speaking travellers need to ask the station master the following questions. Can you help them? Ask your partner to play the part of the station master and give an appropriate reply in each case.

- Is this the platform for the Madrid train?
- The Bilbao train leaves from platform 10, doesn't it?
- Is this platform 3?
- Is this the platform for the train coming from Avilés?

**5** You have just entered a railway carriage and want to ask whether one of the seats is free. Take turns with your partner to answer by looking at these drawings.

*¡hora sabes . . .*

w you know . . .

| | |
|---|---|
| ow to ask for a ticket | Un billete para La Coruña, por favor.<br>un billete sencillo<br>un billete de ida y vuelta<br>un billete de segunda clase<br>un billete de primera clase |
| ow to make a reservation | Quisiera un billete para Santiago, con reserva<br>de asiento.<br>para el día 15<br>en coche de no fumadores cerca de la ventanilla |
| ow to make enquiries about trains | ¿Hay un tren para Madrid hoy?<br>¿A qué hora sale el tren para Madrid?<br>El tren de Madrid, ¿a qué hora llega?<br>¿Es directo o hay que cambiar?<br>¿De qué andén sale? |
| he names of some of the facilities you will find in a<br>railway station | el despacho de billetes?<br>la taquilla<br>la cantina<br>el paso subterráneo<br>la oficina de información<br>la consigna (automática)<br>la entrada<br>la salida<br>la sala de espera |
| ow to understand announcements | Tren rápido Talgo, procedente de Oviedo, que<br>tiene su llegada a las 22.20, efectuará su<br>entrada por vía 10.<br>Atención. Expreso Costa Verde con destino a<br>Oviedo, Gijón, Avilés, estacionado en vía<br>seis. Faltan cinco minutos para que efectúe su<br>salida. |
| ow to check you have the right train and platform | ¿Es éste el tren para Madrid?<br>¿Es éste el andén número seis? |
| ow to ask if a seat is free | ¿Está libre?<br>¿Está ocupado? |

## Objetos perdidos

What should you do if you lose something in Spain? First you should contact the place where you think you lost the article. If it is not there, you should report the loss to the police (at the **comisaría**), because:

**a** the article may have been found and handed in,

**b** you will need to satisfy the insurance company that you have made every effort to recover the item before they will hand over any money.

**By the end of this unit you will be able to:**
**find your way to a police station or a lost property office,**
**describe in detail what you have lost,**
**explain how, when and where it went missing,**
**write to the place where you think you left it.**

### ¿Por dónde se va a la oficina de objetos perdidos?

Normalmente las oficinas de objetos perdidos forman parte de la comisaría. También las hay en algunos centros turísticos como aeropuertos y algunas estaciones grandes de la RENFE. Así que si pierdes algo es mejor ir a la comisaría.

Tú – Perdone, señor. ¿Sabe dónde está la oficina de objetos perdidos?

Un señor – Sí, señor. Está en la comisaría.

Tú – ¿Y por dónde se va a la comisaría?

Un señor – Mire usted. Suba por esta calle y la comisaría está allí enfrente, en la pla⟩

### ¿Se entiende?

Has perdido algo y quieres ir a la oficina de objetos perdidos. No sabes dónde se encuentra. Haz preguntas a alguien en la calle (tu pareja). Luego túrnate con él o ella.

***Ejemplo:***

Tú – ¿Por dónde se va a la oficina de objetos perdidos?

Tu pareja – Bueno, la oficina se encuentra en la plaza en la comisaría.

Tú – ¿Cómo se llama la plaza?

Tu pareja – Es la Plaza de España.

Tú – ¿A qué hora se abren las oficinas por la mañana?

Tu pareja – Me parece que se abren a las nueve y media.

Tú – ¿Se cierran a qué hora?

Tu pareja – No sé. A la una, una y media.

Tú – ¿Cómo se llega a la Plaza de España?

Tu pareja – Está lejos.

Tú – ¿Se puede coger un autobús?

Tu pareja – Sí, mire, allí enfrente está la parada.

Tú – Gracias, adiós.

Tú – (*Ask the way to the police station.*)

Tu pareja – Bueno, la comisaría se encuentra en⟩ avenida que va por el centro.

Tú – (*Ask the name of the avenue.*)

Tu pareja – Se llama la Avenida de José Antoni⟩

Tú – (*Ask what time the offices open in th⟩ afternoon.*)

Tu pareja – Se abren a las cuatro por la tarde.

Tú – (*Ask what time the offices close.*)

Tu pareja – A las siete.

Tú – (*Ask how to get to the avenue.*)

Tu pareja – Pero está lejos de aquí.

Tú – (*Ask if it is possible to take a taxi.*)

Tu pareja – Sí, mire, allí en la esquina hay una parada de taxis.

Tú – (*Say thank you and goodbye.*)

### En la oficina de objetos perdidos

ra los objetos que se pierden con mucha
cuencia:

*letas, bolsos, relojes, cámaras fotográficas,*
*eteros, monederos, abrigos, carteras, y*
*aguas . . . muchísimos paraguas.*

as a una oficina, tendrás que entender estas
guntas:

| | |
|---|---|
| ¿Qué ha perdido usted? | What have you lost? |
| ¿Qué han perdido ustedes? | |
| ¿Cómo es? | What is it like? |
| ¿De qué color es? | What colour is it? |
| ¿De qué es? | What is it made of? |
| ¿Qué contiene? | What does it contain? |
| ¿Cuánto vale? | How much is it worth? |
| ¿De qué marca es? | What make is it? |
| ¿Es nuevo? | Is it new? |
| ¿Lleva su nombre y su dirección? | Does it have your name and address on it? |
| ¿Cuándo los perdió usted? | When did you lose them? |
| ¿Dónde lo dejaron ustedes? | Where did you leave it? |

Y al mismo tiempo tendrás que saber decir lo
siguiente:

| | |
|---|---|
| He perdido mi reloj. | I've lost my watch. |
| Esta señora ha perdido su maleta. | This lady has lost her suitcase. |
| El bolso es pequeño. | The bag is small. |
| Mi cartera es de cuero. | My briefcase is made of leather. |
| Es de cuero de imitación. | It's made of imitation leather. |
| El reloj es de oro. | It's a gold watch. |
| Contiene ropa. | It has clothes in it. |
| Vale 10.000 pesetas. | It is worth 10,000 pesetas. |
| Es una Kodak. | It's a Kodak. |
| Mi monedero es viejo. | My purse is old. |
| Lleva mi nombre. | It has my name on it. |
| He dejado mi abrigo en el tren. | I've left my coat on the train. |
| Hemos dejado la cámara en el taxi. | We've left the camera in the taxi. |
| Estos señores han perdido sus pasaportes. | This couple have lost their passports. |
| Los perdí anoche. | I lost them last night. |
| Lo dejamos en el metro. | We left it on the underground. |

Imagina que estás en una oficina de objetos perdidos
y tu pareja (el empleado) te hace las preguntas que
están arriba. ¿Puedes encontrar una respuesta (o
más de una) para cada pregunta?

**Ejemplo:**
Tu pareja – ¿Qué ha perdido usted?
     Tú – He perdido mi reloj.
Tu pareja – ¿Cómo es?
     Tú – El reloj es de oro.

Luego túrnate con tu pareja.

## ¡Qué confusión!

Hay muchísima gente en la oficina de objetos perdidos. Todo el mundo habla a la vez, personas que han perdido algo y empleados que intentan contestar a las preguntas de sus clientes y de sus compañeros.

Mira las frases abajo e intenta juntarlas.

> Este señor ha dejado su billetero en el restaurante «Los Molinos».

> ¿De qué color es el bolso? ¿Azul? ¿Es éste su bolso?

> Hemos perdido un bolso en el metro.

> ¿Qué te pasa, nena? ¿Qué has perdido?

> Estos señores han perdido su maleta. Se llaman Smith.

> ¡Oiga! ¿Alguien ha encontrado mi monedero? Contiene mis llaves y todo mi dinero.

> Juan, Luís, ¿habéis visto el monedero que dejé en la oficina?

> Lo siento. No se ha encontrado ningún billetero.

> Sí, lo he encontrado por el suelo.

> ¡Cálmese, mujer! ¿Cuánto dinero contie[ne]

> Espere. Aquí hay una maleta que lleva un nombre. Sí, eso es.

> He perdido mi perro. Se llama Snoopy.

## He perdido . . . 📼

Trabajas en una oficina de objetos perdidos en Londres durante las vacaciones. Ayudas a los visitantes españoles que son incapaces de describir lo que han perdido en inglés.

Escucha lo que dicen estas personas cuando describen lo que han perdido y mira los cuatro artículos abajo que se han entregado.

A ver si puedes emparejar algunos objetos mencionados con los que hay en las imágenes.

## Ahora te toca a ti

Has escuchado a muchas personas que buscan lo [que] han perdido. Mira estos tres objetos perdidos. Ha[z] el papel del turista que los ha perdido, y pide a tu pareja que haga el papel del empleado. Luego túrnate con tu pareja.

### Ejemplo:

Tú – Buenos días.
Empleado – Buenos días.
Tú – He perdido mi bolso.
Empleado – Sí, señorita. ¿Cómo es?
Tú – Es grande.
Empleado – ¿De qué color?
Tú – Es rojo.
Empleado – ¿De qué es?
Tú – Es de cuero.
Empleado – ¿Qué contiene?
Tú – Pues, toda mi ropa.
Empleado – ¿Lleva su nombre?
Tú – Sí, mi nombre y mi dirección.
Empleado – ¿Dónde ha perdido el bolso?
Tú – Lo he dejado en el autobús.
Empleado – Vamos a ver.

## *Estos señores han perdido . . .*

ce you are able to describe things clearly, you can
o other tourists who have lost their belongings in Spain
who do not know any Spanish.

a lo que han perdido estos señores. Ayúdales.
n tu pareja haz un diálogo entre el empleado y el
ista.

**mplos:**

| | | |
|---|---|---|
| Tú | – | Buenos días. |
| pleado | – | Buenos días. |
| Tú | – | Esta señora ha perdido su reloj. |
| pleado | – | Sí, ¿de qué es? |
| Tú | – | Es de oro. |
| pleado | – | ¿De que marca es? |
| Tú | – | Omega. |
| pleado | – | ¿Es nuevo? |
| Tú | – | Sí, bastante. |
| pleado | – | ¿Cuánto vale? |
| Tú | – | Vale 30.000 pesetas. |
| pleado | – | A ver . . . . |

| | | |
|---|---|---|
| Tú | – | Buenos días. |
| pleado | – | Buenos días. |
| Tú | – | Estos señores han perdido un paraguas. |
| pleado | – | ¿De qué color es? |
| Tú | – | Es negro. |
| pleado | – | Es grande o pequeño? |
| Tú | – | Es grande. |
| pleado | – | ¿Es nuevo? |
| Tú | – | No, bastante viejo. |
| pleado | – | A ver . . . . |

**¿Qué diferencias hay?**

A veces, cuando vas a una oficina de objetos perdidos, te ofrecen un artículo que no es tuyo, algo parecido pero no idéntico. En este caso hay que explicar las diferencias.

| | |
|---|---|
| Tú | – Buenos días. |
| Empleado | – Buenos días. |
| Tú | – He perdido mi bolso. |
| Empleado | – ¿Cómo es? |
| Tú | – Bastante grande y negro. |
| Empleado | – ¿Es su bolso? |
| Tú | – No, no es. Mi bolso lleva mi nombre y contiene ropa. |
| Empleado | – Lo siento, señora. |

Has perdido este bolso.

Han encontrado éste.

Mira los objetos abajo. Haz un diálogo con tu pareja. ¡Cuidado! A veces el objeto es idéntico, a que no hay problema; y a veces hay diferencias.

Has perdido . . .     Han encontrado . . .

 **¿Cuándo? ¿Dónde?**

Tienes que decir también dónde y cuándo lo perdiste. Haz los diálogos abajo con tu pareja.

*Ejemplo:*

| | |
|---|---|
| Turista | – Buenos días, señor. |
| Empleado | – Buenos días. |
| Turista | – He perdido mi maleta. |
| Empleado | – ¿Dónde la perdió usted? |
| Turista | – En el aeropuerto de Bilbao. |
| Empleado | – ¿Cuándo la perdió usted? |
| Turista | – Anoche a las ocho o nueve, aproximadamente. |
| Empleado | – A ver. Sí, tengo una maleta, nombre de Jones. ¿Es su maleta? |
| Turista | – Sí señor. Muchas gracias. |
| Empleado | – De nada. |

| | |
|---|---|
| **1** Tú | – *(Say good morning to the assistant.)* |
| Tu pareja | – Buenos días. ¿En qué puedo servirle |
| Tú | – *(Tell him you have lost your wallet.)* |
| Tu pareja | – ¿Dónde lo perdió usted? |
| Tú | – *(Tell him you lost it in the Sardinero.)* |
| Tu pareja | – ¿Cuándo lo perdió usted? |
| Tú | – *(Tell him you lost it last night at abou 11.)* |
| Tu pareja | – A ver. ¿Es éste su billetero? |
| Tú | – *(Tell him it is yours and thank him.)* |
| Tu pareja | – De nada. |

Tú – (*Say good afternoon to the assistant.*)
pareja – Buenas tardes.
Tú – (*Tell him you have lost your camera.*)
pareja – ¿Dónde la perdió usted?
Tú – (*Tell him you lost it in the park.*)
pareja – ¿Cuándo la perdió usted?

Tú – (*Tell him you lost it this morning.*)
Tu pareja – ¿Cómo es?
Tú – (*Tell him it's new and that it's a Canon.*)
Tu pareja – Lo siento. No se ha encontrado.
Vuelva usted mañana si quiere.
Tú – (*Say thank you and goodbye.*)

### Un anuncio en el periódico

s perdido tu bolso negro en la Plaza Mayor. Has
a la oficina de objetos perdidos en la comisaría,
o no lo tienen. Quieres poner un anuncio en el
iódico local. Lee estos anuncios y escribe el
ncio que tú quieres poner en el periódico.
uí hay los apuntes que has hecho en inglés antes
escribir.

Lost black leather bag. Contains
wallet and passport. Lost on the
No. 15 bus between 4 – 5 pm
Saturday 15th. Reward offered.
Tel 391 2564

da a tus compañeros que quieren poner estos
ncios.

Lost wallet in white
bag. Last weds in
Parque de Pereda
between 1-3pm near
the post office.
Tel. 214 3587

Lost gold watch
Tissot. Hotel Oasis.
Sunday 28th between
9-12 in the morning.
Reward offered.
Tel. 723 4762

# Pérdidas

Perdido, reloj Omega, oro, restaurante los Remos, pasado domingo. Gratificaremos. Tel 343 3339.

Desaparecido, scottish negro, collar escocés rojo. Perdido, sábado 27 c/ de Alcalá. Tel 135 6163.

Recompensa a quien encuentre bolso blanco. Contiene monedero y pasaporte australiano. Perdido en el Sardinero el día 25 cerca del casino. Tel 116 2431.

Perdida, cámara fotográfica Olympus en bolso rojo en el metro. Recompensa. Tel. 171 2931 (entre 8 – 3).

Perdida gata atigrada, gris, blanca, collar blanco, zona centro. Tel. 137 3341.

Pérdida. Reloj de oro en el autobús N° 23 Centro – Barrio Pesquero, entre 6 – 7 de la tarde, día 20. Se gratificará. Tel. 276 3776.

Perdida maleta de cuero y billetero. Hotel Resitur. Necesito urgentemente documentación. Gratificaré. Tel. 741 3352.

### Una carta al hotel

Si descubres que has perdido algo después de salir de
un pueblo español, puedes escribir al sitio donde
crees que lo has perdido.
Lee la carta del Señor Armstrong y escribe una carta
parecida al Hotel Santemar:

> 21 Birch Street
> Newcastle
>
> El Director
> Hotel Bahía
> Avenida Alfonso XIII, 6
> 39002 Santander
>
> Newcastle, 20 de mayo
>
> Muy señor mío:
> El martes pasado, el 15 de mayo, dejé mi cámara
> fotográfica en el restaurante de su hotel. Yo
> estaba sentado cerca de la ventana.
>     La cámara es una Kodak y estaba en un
> bolso Kodak. También había dos rollos de
> película. No lleva mi nombre.
>     Si lo ha encontrado, ¿quiere usted
> enviármela? Le enviaré el importe
> del correo. Agradeciéndole de antemano,
> le saluda atentamente.
>
> George Armstrong

You have left a red suitcase at the Hotel Santemar. It
contains your clothes and has your name on it. You
arrived on 3 September and stayed one night in room 23.
Offer to pay the cost of sending it to you.
The address to write to is: Hotel Santemar, c/ Joaquín
Costa, 28 (El Sardinero), Santander.

**Chiste**
Un paciente se despierta después de su
operación. Un amigo le hace una visita. Le
dice a su amigo enfermo:
– ¿Sabes que el doctor X (es el nombre del
   cirujano) es muy distraído? Se dice que a
   veces deja sus pinzas y hasta su escalpelo e
   el estómago de sus operados.
Un silencio total sigue esta declaración. Un
silencio interrumpido por el doctor X que en
en la sala, mirando a todas partes:
– ¿Me puede decir si he dejado mi paraguas
   por aquí?

*hora la prueba . . .*

You are working in a Spanish hotel. One Saturday, several items of lost property were handed in and the receptionist kept a record of each item before locking it away. On Sunday morning three English guests report items to you that they have lost. Are any of these on the receptionist's list?

| \* \* \* HOTEL SANTEMAR, SANTANDER \* \* \* | | |
|---|---|---|
| FECHA | ARTÍCULO | LUGAR |
| Sábado 20 8h | Bolso de cuero, gris, bastante pequeño. Contiene monedero. | En el ascensor. |
| Sábado 20 9h | Billetero marrón. Contiene tarjetas de crédito y 1,580 pts. | En el restaurante. |
| Sábado 20 13h | Paraguas de señor, negro, nuevo. | En la cafetería. |
| Sábado 20 16-30 | Reloj de señora, de oro, marca - Seiko. | Cerca de la recepción. |
| Sábado 20 19-45 | Cámara fotográfica Nikon en bolso blanco. 3 rollos de película y flash. | En la cabina telefónica. |

> My small leather bag has gone missing. I think I had it on Saturday afternoon.

> I'm very worried because I can't find my wallet – it's brown and contains some Spanish money, my cheque card and Barclay card. I remember taking it with me on Friday night.

> I lost my gold watch yesterday afternoon. Can you help me?

El Director,
Hotel Santemar,
Santander.

47, Harrogate Road,
Acomb,
York

York, 27 de setiembre

Muy señor mío:

El sábado pasado, el 20 de setiembre, dejé un bolso de cuero en el ascensor. Es gris y bastante pequeño. Contiene mi monedero. Lo perdí a las ocho de la mañana aproximadamente.

Si lo ha encontrado, ¿quiere usted enviármelo? Le enviaré el importe del correo.

Agradeciéndole de antemano, le saluda atentamente.

Andrew Marsh

2 🔊 Listen to some Spanish guests enquiring about the items they have lost. Can you match what they have lost with any of the items on the list?

3 Work with your partner. One of you is the receptionist and the other a guest. The guest chooses three items that have been reported lost, and describes them to the receptionist.

4 You lost one of the items reported above on the last day of your holidays, and have returned to England before discovering the loss. Write to the hotel describing the item and explaining the circumstances of the loss. Use this letter as a model.

51

## *Ahora sabes . . .*

Now you know . . .

| | |
|---|---|
| how to find your way to the lost property office or the police station | ¿Hay una oficina de objetos perdidos por aquí, por favor?<br>Lo siento, no hay. Hay que ir a la comisaría.<br>¿Por dónde se va a la comisaría? |
| how to describe what has been lost or left behind | ¿Qué ha perdido usted?<br>He perdido mi maleta.<br>Esta señora ha perdido su paraguas.<br>¿Cómo es?<br>Es grande.<br>¿De qué es?<br>Es de oro.<br>¿Es de cuero o de cuero de imitación?<br>Mi billetero es de cuero.<br>¿De qué color es?<br>Es blanco y amarillo.<br>¿Qué contiene el bolso?<br>Contiene mi monedero.<br>¿De qué marca es su cámara?<br>Es una Canon.<br>¿Lleva su nombre y su dirección?<br>Lleva mi nombre, sí.<br>¿Cuánto vale el reloj?<br>Vale 10.000 pesetas.<br>Es nuevo/viejo. |
| how to say when and where the item went missing | ¿Cuándo lo perdió usted?<br>Lo perdí ayer.<br>¿Dónde la dejaron ustedes?<br>La dejamos en el metro.<br>¿Lo ha dejado en el tren?<br>No, lo he dejado en la estación. |
| how to say whether an article is yours or not | ¿Es su maleta?<br>Sí, es mi maleta, gracias.<br>No, no es. Mi maleta es más grande. |

## *ambiando dinero*

During a trip to Spain sooner or later you will need to change your money or traveller's cheques into pesetas.

**By the end of this unit you will be able to:**
find a bank or ask where you can change money,
cash traveller's cheques or change money,
find out the exchange rate,
ask for certain bank notes or coins.

### *¡Cuidado con el dinero!*

ɪuí tienes unos consejos sobre el dinero; explica a pareja en inglés lo que dice.

# *Unos consejos para el turista*

Es una buena idea llevar la mayor parte de tu dinero en forma de cheques de viaje; si pierdes tus cheques, puedes recobrar tu dinero. Pero vas a necesitar dinero español también, sobre todo si llegas a España cuando los bancos están cerrados. Puedes cambiar dinero dondequiera que veas el letrero «Cambio», incluso en la frontera, en muchos hoteles y en los grandes almacenes. (Pero vale la pena asegurarte que te dan el cambio oficial del Banco de España.) Los bancos están abiertos de lunes a viernes entre las 9 y las 14, y los sábados de las 9 a las 13. Algunas veces tienes que mostrar tu pasaporte, y no olvides que cobran algún dinero por el servicio (la comisión).

53

 ### ¿A cuánto está la libra hoy?

Look at this list of exchange rates at a bank. Why do you think there are two rates for each currency?

According to this bank:

- How many pesetas do you get for £10 sterling?
- How much do you receive if you change 1,000 pesetas into your own currency?
- How many pesetas do you get for 10 francs?

Aquí están unas frases que te pueden ser útiles cuando cambias dinero.

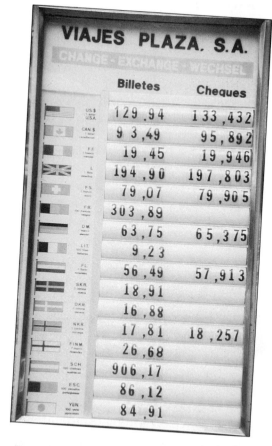

| | Billetes | Cheques |
|---|---|---|
| US.$ / U.S.A. | 129.94 | 133,432 |
| CAN.$ | 93,49 | 95,892 |
| F.F. | 19,45 | 19,946 |
| L. | 194,90 | 197,803 |
| F.S. | 79,07 | 79,905 |
| F.B. | 303,89 | |
| D.M. | 63,75 | 65,375 |
| LIT. | 9,23 | |
| F.L. | 56,49 | 57,913 |
| S.K.R. | 18,91 | |
| D.K.R. | 16,88 | |
| N.K.R. | 17,81 | 18,257 |
| FIN.M. | 26,68 | |
| S.CH. | 906,17 | |
| ESC. | 86,12 | |
| YEN | 84,91 | |

|  |  |
|---|---|
| ¿Por dónde se va al banco? | Which is the way to the bank? |
| ¿Dónde puedo cambiar dinero? | Where can I change money? |
| ¿El banco está abierto los sábados? | Is the bank open on Saturdays? |
| ¿Se puede cambiar dinero/cheques de viaje aquí? | Can I change money/traveller's cheques here? |
| ¿A cuánto está la libra/el dólar hoy? | What is the rate for the pound/dollar today? |
| ¿Se puede cambiar monedas? | Can you change coins? |
| ¿Hay un Cambio en esta planta? | Is there a bureau de change on this floor? |
| ¿Puede usted darme unos billetes de doscientas pesetas? | Can you give me some 200-peseta notes? |
| Deme unas monedas de cien pesetas por favor. | Give me some 100-peseta coins, please. |
| No tengo ningún dinero español. | I have no Spanish money. |
| Tengo algunos francos franceses. | I have a few French francs. |

Aquí hay unas frases que te puede decir el empleado:

|  |  |
|---|---|
| ¿Quiere usted mostrarme su pasaporte? | Will you show me your passport? |
| Escriba su nombre y dirección, por favor. | Write your name and address, please. |
| ¿Quiere usted firmar los cheques? | Will you sign the cheques? |
| Nunca cambiamos monedas. | We never change coins. |
| No cerramos ni los sábados ni los domingos. | We don't close either on Saturdays or Sundays. |

## Me hace falta cambiar dinero

ra mostrar que reconoces estas frases, escucha
os diálogos y contesta a las preguntas:

**a** Why does the tourist want to go to the bank?
**b** Why is she worried that it may be closed?

**a** Which two currencies did the traveller change?
**b** How many traveller's cheques did he want to change?
**c** How many 100-peseta coins did he receive?

**a** Would the tourist have got a higher or a lower rate for traveller's cheques?
**b** What did he have to write before signing?

**a** What request was the clerk unable to carry out?
**b** And what request did he carry out?

### ¡No me digas!
Es posible, y totalmente legal, escribir un cheque en cualquier cosa. Una vez, cierto cliente escribió un cheque en un pedazo de madera, ¡y otro cliente escribió en una vaca! Y en ambos casos, cuando presentaron sus «cheques» en el banco, ¡el banco pagó!

### ¡No me digas!
En la isla de Yap, en el océano Pacífico, hasta el año 1940 los habitantes usaron unas monedas muy extrañas. Eran discos de piedra, ¡con un diámetro de cuatro metros!

Y hablando de islas:

## La isla de dos climas

 la isla española de Tenerife, el clima de la costa
rte es muy distinto del clima de la costa sur. ¿Por
é?

mos a ver una previsión del tiempo típica de la
 de Tenerife:

En la costa norte temperaturas altas (de 25 a 30 grados), con brisas leves del noroeste. Cielo nublado, y posiblemente un poco de lluvia por la tarde. En la costa sur, mucho calor (35 grados). Ninguna lluvia y cielo claro. Ningún viento.

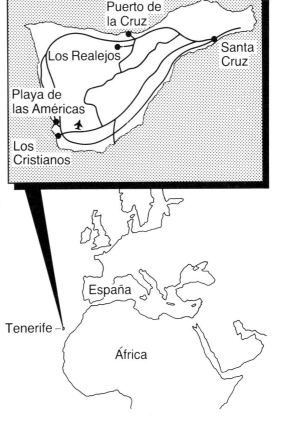

)ónde vas a decidir pasar un día en la playa: en la
sta norte o la costa sur?

mo ves, en la costa norte hace calor, pero a
enudo hay nubes, porque los vientos del noroeste
cuentran el gran volcán, Teide. Pero en la parte
r, no llueve casi nunca. Hay algunas nubes
queñas, pero no muchas. No hay ninguna hierba;
 un desierto. Siempre hace sol; ¡qué aburrido!

agina que estás pasando tus vacaciones en una u
ra de las costas de Tenerife. Escribe una postal a
 amigo allá en Santander en la fría costa norte de
paña, hablando de tus vacaciones y del tiempo
e hace.

## UNIDAD 6

 ### El recibo

Here are some receipts for money-changing transactions. How much information can you get from them?

**Banco Guipuzcoano**
OFICINA: BILBAO O.P.

FECHA 10-12-86
Nº DE CUENTA CAJA

OPERACIONES EN MONEDA EXTRANJERA

D.
M. CALVERT

ENGLAND
034461807

P 992515 B

Muy Sr.(s) nuestro(s):
Con esta fecha hemos PAGADO POR CAJA
el importe líquido de la presente Liquidación de
COMPRA DE CHEQUES - CHEQUES DE VIAJE

Atentamente,
BANCO GUIPUZCOANO

50,00 LIB.ES AL CAMBIO DE PTAS. 192,941000

AMEXCO

1 DE          50,00

CONTRAVALOR PTAS.       COMISION       ITE.       IMPORTE LIQUIDO
9.647                   350                        9.297,00

(I.R.M. GUIPUZCOA, H.-345, F.-1, T.-16)

(C.I. A-20000733)

B.G. MOD. 1054-4

BANCO EXTERIOR DE ESPAÑA.-
JESUS DE MONASTERIO 17 -SANTANDER.-

NUM.- 1
CONTRAVA 9,718

C.C.          CAMBIO
CANTIDAD      194.351
50

MONEDA
LIBRA ES

                                        9,718
                                        250
CONTRAVA .....              0
COMISION .....              0
I.T.E. .....               9,468
GASTOS .....
LIQUIDO

13/12/86

CAJA

NOMBRE . - MICHAEL CALVERT      F. EXPE.- 17.6.80
DOMICI. -                       NACIONA/PROV.- INGLATERRA
DNI/PAS.- P 992515 B
L. EXPE/POBLA.- PETERBOROUGH

                    RECIBO CAMBIO APLICADO Y COMISIONES
                                                        VISE

RECIBI: CONFORME CAMBIO APLICADO Y COMISIONES

FIRMA  *[signature]*

From each of these bills can you work out:

**1** Whether the customer changed cash or traveller's cheques?
**2** Which currency the customer changed into pesetas?
**3** The rate of exchange?
**4** How much the customer paid in commission?
**5** How many pesetas he finally received?

**¡No me digas!**
Como ves, la antigua moneda española de 50 céntimos (media peseta) tiene un agujero en e centro. En tiempos antiguos muchas monedas tenían agujeros. ¿Por qué?

Porque la gente tenía las monedas en cuerdas.

## ¿Verdad o mentira?

⬛ánto sabes sobre el dinero? ¿Te parecen verdad
⬛entira estas frases? Después, puedes consultar la
⬛ción.

⬛n la Argentina la moneda nacional es el «Sol».
⬛l sistema de moneda inglés cambió en 1978.
⬛os incas no tenían ningún sistema de dinero.
⬛n los Estados Unidos puedes usar los cheques de
⬛iajero para pagar en muchas tiendas.
⬛n China no hay ni bancos ni oficinas de cambio.
⬛n el Canadá en el siglo diecinueve usaron naipes
⬛*laying cards*) como billetes de banco.

7 Cuando vuelves de un viaje, los bancos no
cambian nunca tus monedas pequeñas.
8 Una libra inglesa vale más que una libra maltesa.
9 En España no hay ningún billete de 200 pesetas.
10 El dólar de Australia vale más que el dólar de
Nueva Zelanda.

*Solución:* 1 Mentira 2 Mentira 3 Verdad
4 Verdad 5 Mentira 6 Verdad 7 Verdad
8 Mentira 9 Mentira 10 Verdad

---

## De vacaciones

⬛a este recibo: Aquí tienes lo que dijeron el
⬛nte y el empleado en el banco:

Ahora trabaja con tu pareja para hacer un diálogo
semejante, usando este recibo.

| DIVISA | Dólar USA (grande) | Corona Sueca |
|---|---|---|
| | Dólar USA (pequeño) | Corona Danesa |
| | Dólar Canadá | Corona Noruega |
| | Franco Francés | Marco Finlandés |
| | Libra Esterlina ← | Chelín Austríaco |
| | Franco Suizo | Escudo Portug |
| | Franco Belga | Yen Japonés |
| | Marco Alemán | |
| | Lira Italiana | |
| | Florín Holandés | |

**86**–0173031

| FECHA | 29. 8.86. |
|---|---|
| CANT. MONEDA | 50 |
| CAMBIO | 199,663 |
| CONTRAV. PTAS. | 9 983 |
| IMPORTE COMIS. | 200 |
| LIQUIDO. | 9 783 |

1. Cliente

| DIVISA | Dólar USA (grande) | Corona Sueca |
|---|---|---|
| | Dólar USA (pequeño) | Corona Danesa |
| | Dólar Canadá | Corona Noruega |
| | Franco Francés | Marco Finlandés |
| | Libra Esterlina ← | Chelín Austríaco |
| | Franco Suizo | Escudo Portug. |
| | Franco Belga | Yen Japonés |
| | Marco Alemán | |
| | Lira Italiana | |
| | Florín Holandés | |

**86**–0172481  2

| FECHA | 22. 8.86. |
|---|---|
| CANT. MONEDA | 30 |
| CAMBIO | 199,000 |
| CONTRAV. PTAS. | 5 970 |
| IMPORTE COMIS. | 120 |
| LIQUIDO | 5 850 |

1. Cliente

⬛pleado – Buenos días, señor.
⬛Cliente – Buenos días. ¿Puedo cambiar unas
libras esterlinas?
⬛pleado – Sí. ¿Cuántas tiene usted?
⬛Cliente – Cincuenta. ¿A cuánto está la libra?
⬛pleado – Está a 199,663. Usted recibe 9.983
pesetas.
⬛Cliente – ¡Pero sólo hay 9.765!
⬛pleado – Sí, hay 200 pesetas de comisión.
⬛Cliente – Muy bien, gracias.
⬛pleado – De nada. Adiós.

**¡No me digas!**
En el siglo diecinueve el Banco de Inglaterra
dio un cheque de treinta mil libras a un cliente
que lo puso en el salón de su casa, cerca del
fuego. Salió del cuarto, y cuando volvió, el
cheque había desaparecido. El banco le dio
otro cheque. Veinte años después, un obrero
que estaba reparando la casa descubrió el
cheque escondido detrás de la chimenea. Lo
llevó al banco, y el banco tuvo que pagar las
treinta mil libras, ¡por segunda vez!

### ¿Dónde lo hiciste?

Varios amigos españoles quieren saber dónde
cambiaste tu dinero, porque ellos tienen que
cambiar dinero para sus propias vacaciones.

**Ejemplo:**

| Cambio |

¿Dónde recibiste tu dinero español?

| Hotel Atlántico |

– ¿Dónde cambiaste tu dinero?
– Lo cambié en el Hotel Atlántico.

| Banco de Santander |

¿Dónde compraste tus pesetas?

| Almacenes laínz |

¿Dónde cambiaste tu cheque de viaje?

| El Corte Inglés |

¿Dónde encontraste un Cambio?

| Banco de Bilbao |

¿Dónde cambiaste tus cheques?

| Hotel Bahía |

¿Dónde cambiaste tus libras?

## Ahora la prueba . . .

**1** You can prove you can do all this by completing this
dialogue. Work with a partner. One of you takes the
part of the bank clerk.

Empleado – Buenas tardes, señorita.
Tú – (*Say good afternoon and ask if you
can change £50.*)
Empleado – Sí, ¿cheques o dinero?
Tú – (*Say you have some traveller's
cheques, and ask what the rate is for
pounds.*)
Empleado – Está a 205. ¿Quiere usted firmar los
cheques? Gracias. Son 7.850
pesetas.
Tú – (*Ask if the clerk can give you some
500-peseta notes.*)
Empleado – Sí, no hay problema.
Tú – (*Say thank you and goodbye.*)

**2** Now look again at the list of exchange rates on
page 54. Prepare a dialogue in which one of you takes
the part of a bank clerk, and the other is a tourist who
is on a world tour. The tourist has cash left over from
several countries, some cash from his own country
and some traveller's cheques. He or she wants to
change this money into pesetas. The bank charges
each customer 250 pesetas commission.

# UNIDAD 6

## *hora sabes . . .*
w you know . . .

| | |
|---|---|
| how to find a bank or bureau de change | ¿Por dónde se va al banco?<br>¿Dónde puedo cambiar dinero? |
| how to cash traveller's cheques or change money | ¿Se puede cambiar dinero/cheques de viajero aquí?<br>¿Se puede cambiar monedas?<br>¿A cuánto está el dólar/la libra?<br>¿Puede usted darme unos billetes de doscientas pesetas?<br>Deme unas monedas de cien pesetas, por favor. |
| how to understand what the bank official says to you | Nunca cambiamos monedas.<br>No tenemos ningún billete de quinientas pesetas.<br>No cerramos ni los sábados ni los domingos.<br>¿Quiere usted firmar los cheques?<br>¿Quiere usted escribir su nombre, dirección y número de pasaporte? |

# UNIDAD 7

## De compras

Not all your shopping will be done in a department store or supermarket. For everyday items you will sometimes need to find your way around the smaller shops.

**By the end of this unit you will be able to:
ask for information about shops,
understand some shop signs,
buy everyday necessities,
describe a shopping trip.**

 ### Las tiendas

Aquí hay un plano del centro del pueblo:

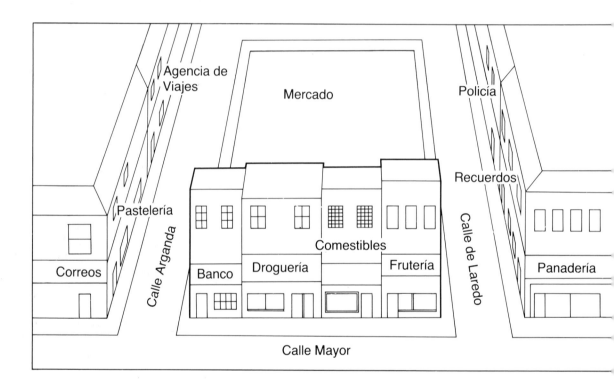

Agencia de Viajes — Mercado — Policía — Pastelería — Recuerdos — Calle Arganda — Comestibles — Calle de Laredo — Correos — Banco — Droguería — Frutería — Panadería — Calle Mayor

### ¿Dónde puedo comprar . . . ?

Estás ayudando a una persona que no conoce el pueblo tan bien como tú.

Túrnate con tu pareja para mirar el plano de las tiendas mientras el otro pregunta dónde puede comprar los artículos abajo:

1 uvas
2 pan
3 chorizo
4 crema bronceadora
5 sellos
6 naranjas
7 postales
8 champú
9 pesetas
10 pasteles
11 manzanas
12 panecillos

*Ejemplo:*
El – ¿Dónde puedo comprar jabón por aquí?
Tú – ¿Jabón? Usted puede comprarlo en la droguería; está en la Calle Mayor, entre el banco y la tienda de comestibles.

___

 ### En la calle 📼

En la calle siempre hay mucho ruido. Escucha esta conversación en la calle; algunas palabras no se oyen bien a causa del tráfico. ¿Puedes decir qué son?

## *En la frutería*

Cuando compras fruta, necesitas frases como éstas:

| | |
|---|---|
| Deme medio kilo de estos melocotones. | Give me half a kilo of these peaches. |
| Quisiera un kilo de estas manzanas. | I would like a kilo of these apples. |
| Quiero dos kilos de esos plátanos. | I want two kilos of those bananas. |
| ¿Cuánto valen esas naranjas? | How much are those oranges? |
| ¿Hay tomates? | Are there any tomatoes? |

El tendero puede decirte:

| | |
|---|---|
| Aquellos tomates valen 40 pesetas el kilo. | Those tomatoes are 40 pesetas a kilo. |
| Lo siento, no hay tomates. | I'm sorry, there are no tomatoes. |
| No los/las hay. | There aren't any. |
| No queda ninguno. | There are none left. |
| Peras no hay. | There aren't any pears. |
| Aquellas uvas son las más baratas. | Those grapes are the cheapest. |

Cuando vas a una frutería con una lista de compras, quieres pedir exactamente lo que viene en la lista, y entender lo que te dice el tendero.

Y aquí tienes el diálogo en la frutería:

| | |
|---|---|
| Cliente – | Deme un kilo de esos plátanos, por favor. |
| Tendero – | Muy bien. ¿Algo más? |
| Cliente – | ¿Cuánto vale medio kilo de aquellas uvas? |
| Tendero – | Cuarenta pesetas. |
| Cliente – | Vale. Deme medio kilo. Y dos kilos de estas naranjas. |
| Tendero – | Bien, ¿y con esto? |
| Cliente – | ¿No hay peras? |
| Tendero – | Lo siento; no queda ninguna. |
| Cliente – | Entonces, un kilo de esas manzanas. |
| Tendero – | ¿Eso es todo? |
| Cliente – | Sí. ¿Cuánto es? |
| Tendero – | Doscientas quince. |
| Cliente – | Tenga. Quinientas pesetas. |
| Tendero – | Y la vuelta: doscientas ochenta y cinco pesetas. |
| Cliente – | Gracias, adiós. |
| Tendero – | De nada, adiós. |

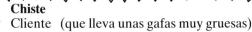

# UNIDAD 7

## ¡Escucha! 📼

Estás en la frutería, y hay unas personas delante de ti. Para saber lo que tienes que decir, escuchas a los dos clientes delante de ti mientras hacen sus compras. ¿Qué compran? ¿Qué no pueden comprar? ¿Cuánto pagan?

**Chiste**

Cliente  (que lleva unas gafas muy gruesas)
 – Deme medio kilo de aquellas aceitunas.
Frutero – No son aceitunas, son melones.
Cliente – En aquel caso ¡deme dos kilos!

## ¡Te toca a ti!

Ahora es tu turno. Tienes que comprar estas cosas:

Frutería

manzanas – 1kg

naranjas – 2kg

peras – 1kg

Hablas con el tendero:

Tú – (*Say good morning.*)
Tendero – Muy buenos días.
Tú – (*Ask for a kilo of apples.*)
Tendero – Vale. Aquí tiene usted.
Tú – (*Ask for two kilos of oranges.*)
Tendero – Sí. ¿Y con eso?
Tú – (*Ask if there are any pears.*)
Tendero – No, no queda ninguna. Hay melocotones.
Tú – (*Say you will have half a kilo of peach. then.*)
Tendero – ¿Eso es todo?
Tú – (*Say yes, that is all, and ask how much is.*)
Tendero – Son cuatrocientas diez pesetas.
Tú – (*Pay the money, say thank you and goodbye.*)
Tendero – Adiós, hasta la vista.

## El cliente y el tendero

ora tienes que hacer tus propios diálogos.
rnate con tu pareja para hacer el papel del
dero cuando compras estas cosas en la frutería (y
la vez el tendero puede decir 'Lo siento, no
y . . .').

**Frutería**

| tomates | ½ kg |
| peras | 1 kg |
| manzanas | 2 kg |
| naranjas | 2 kg |

**Frutería**

| uvas | 1 kg |
| plátanos | 2 kg |
| melocotones | 1 kg |
| naranjas | 2 kg |

**Frutería**

| manzanas | 1 kg |
| tomates | 1 kg |
| uvas | 1 kg |
| melocotones | 2 kg |

**Frutería**

| peras | 2 kg |
| plátanos | 1 kg |
| manzanas | 2 kg |
| uvas | ½ kg |

## Por favor . . .

chas veces tienes que pedir a los tenderos que
gan cosas para ti.
Imagina que esta mañana compraste un melón
e no te parece muy fresco. Vuelves a la frutería
ra pedir al tendero que lo cambie. Mientras estás
, decides comprar otras cosas. ¿Puedes completar
as frases?

Tú – Perdone, esta mañana compré este
melón, pero no me parece muy fresco.
ndero – Puedo cambiarlo fácilmente.
Tú – Sí . . . . . . . . . . , por favor.
ndero – Esta tarde llegaron unos muy frescos,
muy ricos. ¿Le elijo uno?
Tú – Sí, . . . . . . . ; gracias. Estos
melocotones parecen deliciosos; voy a
comprar algunos.
ndero – ¿Cuántos le pongo?
Tú – . . . . . . . . . un kilo. Y también me
gustan estas manzanas.
ndero – ¿Y cuántas le doy?
Tú – . . . . . . . . . dos kilos.
ndero – Vale. ¿Algo más?
Tú – No, gracias. Lo siento – no tengo bolsa.
ndero – ¿Lo envuelvo, entonces?
Tú – Sí . . . . . . . . . ; muchas gracias.
ndero – De nada.

**Chiste**
Frutero – Estas manzanas son deliciosas.
Cliente – Eso se ve muy fácilmente. ¡Los
gusanos las están comiendo con
mucho placer!

## Comprando pan y pasteles

Para comprar pan o panecillos, hay que ir a la panadería. Y en España los pasteles se venden en la pastelería, donde puedes comprar también chocolate, helados, caramelos o galletas.

Aquí tienes unas frases útiles:

| | |
|---|---|
| una barra de pan | a loaf of bread |
| media docena de esos panecillos | half a dozen of those bread rolls |
| ¿Cuánto vale este pastel? | How much is this cake? |
| ¿Cuánto cuestan aquellas tartas? | How much are those little cakes? |
| Quisiera una tableta de chocolate, y un paquete de aquellos caramelos. | I would like a bar of chocolate, and a packet of those sweets. |

El tendero puede decirte:

| | |
|---|---|
| No queda ningún panecillo. | There are no bread rolls left. |
| No queda ninguna pequeña barra. | There are no small loaves left. |

## En la panadería–pastelería

¿Puedes emparejar lo que dicen los clientes con lo que dicen los tenderos?

**1** Una tableta de chocolate, por favor, nada más.

**2** Deme dos paquetes de esos caramelos.

**3** Aquella barra grande, por favor.

**4** Estas tres tartas, ¿cuánto son?

**5** Quiero estas dos tabletas de chocolate y una bolsa pequeña de esos caramelos.

**6** Quisiera una barra pequeña.

**7** ¿Me da tres de aquellos panecillos?

**8** Ese pastel, ¿cuánto vale?

**9** ¿Cuánto cuestan estos cuatro helados?

**a** No queda ninguna pequeña barra.

**b** Son 50 pesetas cada una; total 150 pesetas.

**c** Vale 350 pesetas; es muy rico.

**d** Lo siento, de chocolate no tengo nada.

**e** ¿Estos? Lo siento, sólo hay dos.

**f** Son 70 pesetas cada uno; total 280 pesetas.

**g** Esta barra vale 14( pesetas.

**h** Vamos a ver, dos vec( 170 son 340.

**i** Las tres cosas valen 370 pesetas en total. Gracias.

# UNIDAD 7

## ¿Qué tienda?

nes que comprar las cosas que ves aquí, pero
é artículos compras en la panadería, y cuáles
la pastelería? Túrnate con tu pareja para
guntarlo.

**mplo:**

Dónde puedo comprar una barra grande?
Hay una panadería en la Calle Mayor.

Dónde puedo comprar una tableta de chocolate?
Hay una pastelería en la Calle Arganda.

Mira el plano del centro del pueblo en la página 60 y
túrnate con tu pareja para preguntar dónde se puede
comprar las cosas abajo:

Luego pregunta a tu pareja dónde se puede comprar
estas cosas en tu propia ciudad.

## En la tienda de comestibles

s comprado el pan y los panecillos; ahora quieres
nprar otra cosa para comer con ellos.
Y necesitas algo de beber. La tienda de
nestibles que tiene el letrero 'Alimentación'
de de todo.
uí tienes una lista de algunas cosas.

ás planeando una merienda con tu amigo
añol. Trabaja con tu pareja. Uno de vosotros
e el papel del amigo y contesta a estas preguntas:

ué prefieres en tus bocadillos: jamón o queso?
ué te gustaría más beber: tónica o agua mineral?
ué prefieres: sardinas o chorizo?
e gustan las galletas?

ué vamos a comprar, pues?

go cambiad de papeles.

| Producto | Precio | Producto | Precio |
|---|---|---|---|
| Galletas rellenas de chocolate Elgorriaga, paquete 705 grs. | 259 | Jamon cocido 1.º dulce Valle, Kg. | 725 |
| Galletas Maria Fontaneda, caja 1 Kg. | 202 | Queso manchego curado Garcia Baquero, Kg. | 820 |
| Mermelada melocoton Helios, frasco 410 grs. neto | 110 | Salchichon Pamplona extra Pamplonica, Kg. | 695 |
| Aceitunas Jolca, bolsa | 24 | Leche entera Larsa, brik 1 litro | 79 |
| Pastas para sopa La Familia, paquete 250 grs. | 42 | Yogur natural Danone, tarrina 125 c.c. | 23 |
| Sardinas en aceite y tomate P. Arosa, lata 1/4 club | 59 | Margarina vegetal Artua, tarrina 400 grs. | 145 |
| Chocolate con leche Milka Suchard, tableta 150 grs. | 94 | Mantequilla Asturiana, barqueta 180 grs. | 155 |
| Agua mineral Font-Vella, botella P.V.C. 1 1/2 litro | 36 | Pizza romana Pescanova, estuche 333 grs. | 249 |
| Tonica Schweppes, pack 6 botellas 180 c.c. | 165 | Pizza 4 estaciones Pescanova, estuche 333 grs. | 249 |
| Cerveza Heineken, lata 333 c.c. | 58 | Pizza bonito Pescanova, estuche 333 grs. | 249 |
| Naranja y limon Kas, botella 2 litros | 145 | Platanos extras, Kg. | 149 |
| Pepsi Cola, lata 333 c.c. | 36 | Naranjas de mesa Teresita, Kg. | 65 |
| Paella, Kg. | 585 | Peras de agua de Aragon, Kg. | 179 |
| Chorizo Gran Doblon Campofrio, Kg. | 840 | Manzanas Golden de Aragon, (en bolsas de 3 Kgs.) Kg. | 55 |

## Las meriendas

Aquí hay lo que compró Miguel para una merienda para seis personas (él mismo, sus hermanos, sus padres y Paul).

Escribe tus propias listas imaginando que vas a merendar con:

1 Tu amigo español
2 Dos amigos españoles
3 Tu amiga española y sus padres
4 Siete amigos

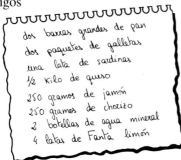

dos barras grandes de pan
dos paquetes de galletas
una lata de sardinas
1/2 kilo de queso
250 gramos de jamón
250 gramos de chorizo
2 botellas de agua mineral
4 latas de Fanta limón

## En la droguería

**La droguería** no vende ni medicinas ni tiritas (para eso necesitas **la farmacia**) sino artículos como jabón, crema bronceadora, pasta de dientes, champú y tisús. Algunas venden perfume.

Aquí hay una sección de una droguería:

## ¿Falta algo?

1 Estás en la tienda de comestibles con Luisa. Escuchas para asegurarte que no olvida nada de s lista. Pero nadie es perfecto; olvida unas cosas. Aquí tienes la lista:

1/2 kg queso
12 huevos
1/2 kg jamón serrano
250 gramos chorizo
2 paquetes galletas
3 botellas agua mineral

Escucha la cinta, e imagina que tienes que decir a Luisa lo que ha olvidado antes de salir de la tiend

### Ejemplo:
– Has olvidado los huevos.

2 A ver si Miguel también ha olvidado algo. Escucha, y si ha olvidado algo, di, por ejemplo:
– Has olvidado la lata de sardinas.

1 botella agua mineral sin gas
1/4 kg salchichón
2 botellas Fanta limón
1 lata sardinas
300 grms. queso
1/4 kg jamón

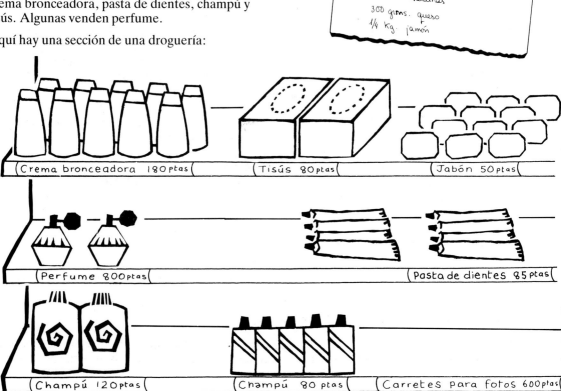

ás trabajando en esta droguería en España
ante las vacaciones de verano. Cuando la tienda
ierra, tienes que contar las cosas que quedan y
ar este formulario para el propietario:

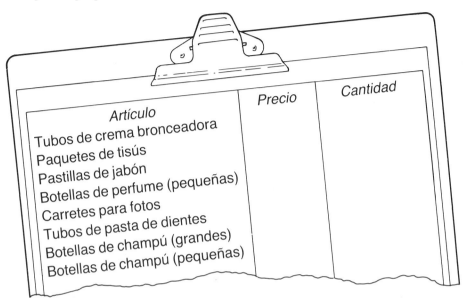

| Artículo | Precio | Cantidad |
|---|---|---|
| Tubos de crema bronceadora | | |
| Paquetes de tisús | | |
| Pastillas de jabón | | |
| Botellas de perfume (pequeñas) | | |
| Carretes para fotos | | |
| Tubos de pasta de dientes | | |
| Botellas de champú (grandes) | | |
| Botellas de champú (pequeñas) | | |

o pierdes la lista, y aquella noche tu jefe te
fonea deseando saber lo que queda en la tienda.
edes decirle de memoria qué cosas quedan en la
da, y qué cantidad hay de cada uno?
no de vosotros hace el papel del jefe mientras el
no mira ni el dibujo ni la lista.)

a mañana siguiente el primer cliente quiere
prar tres tabletas de jabón y tres cajas de tisús:

ente – Por favor, ¿tiene pastillas de jabón?
  Tú – Sí, señor, valen 50 pesetas cada una.
ente – Bueno, deme tres. Y quisiera tres
       paquetes de tisús.
  Tú – ¡Tres! Lo siento señor, sólo quedan dos.
ente – Oh, muy bien, dos entonces. ¿Cuánto es
       en total?
  Tú – El jabón 150 pesetas, los tisús 160; son
       310 pesetas en total.
ente – Tenga.
  Tú – Gracias.

rnate con tu pareja para hacer el papel de los
os clientes, y no olvidéis que la cantidad de
culos va disminuyendo.

cliente – una pequeña botella de perfume y tres
         grandes botellas de champú.

3º cliente – una gran botella de champú y cuatro
          tubos de crema bronceadora.
4º cliente – dos pequeñas botellas de perfume y un
          tubo de pasta de dientes.
5º cliente – una pequeña botella de champú y un
          carrete para fotos.

En este momento llega el jefe (tu pareja). Te
pregunta qué queda en la tienda. Tú le dices lo que
hay y lo que no queda.

***Ejemplo:***
– ¿Quedan botellas de perfume?
– No, no queda ninguna.

## ¿Cómo se dice . . . ?

Estás trabajando en la droguería cuando entra un
turista que no sabe tanto español como tú. Necesita
varias cosas. ¿Sabes qué palabras está buscando?
¡Escucha!

## Una visita a las tiendas

Si quieres describir una visita a las tiendas es útil
saber frases como éstas:

| | |
|---|---|
| Fui primero a la pastelería. | I went first to the cake shop. |
| Compré un pastel de cumpleaños. | I bought a birthday cake. |
| Pagué dos mil pesetas. | I paid two thousand pesetas. |
| Te he comprado un regalo. | I've bought you a present. |
| No me gusta ir de compras. | I don't like going shopping |
| Prefiero los almacenes. | I prefer the big stores. |
| Es más barato allí. | It is cheaper there. |
| Hay de todo. | There is everything. |
| No me gustan los hipermercados. | I don't like hypermarkets. |
| Las cosas son más baratas allí. | Things are cheaper there. |

## Una carta de Luisa

Luisa escribió esta carta a su amiga inglesa Joanne
cuando fue a pasar un mes a un pueblo de Cataluña.
Joanne se pregunta qué tal lo pasó su amiga. Lee la
carta para descubrirlo.

Joanne se interesa también por las tiendas y vuelve a
leer la carta. ¿Qué dice Luisa sobre las tiendas del
pueblo y los precios?

Torá, 8 de agosto de 1988

Amiga Joanne:

Estamos en Cataluña, donde pasamos un mes en un pueblo bastante pequeño. Hace mucho calor y la comida es muy buena.

Te he comprado un regalo; un perfume francés. (Claro que es un frasco pequeño.) Te lo voy a dar cuando te vea.

¿Sabes cuánto me gusta ir de compras? Pues aquí no hay hipermercado ni supermercado. Pero en el centro del pueblo hay bastantes tiendas; una droguería, una pastelería, una tienda de comestibles etc. Es menos fácil ir de compras y lo peor es que las cosas son caras. ¡No hay nada barato! Fíjate, ¡pagué 270 pesetas por un tubo de crema bronceadora! En las grandes ciudades nadie paga más de 200. Sin embargo la fruta es la cosa más barata; 80 pesetas por un kilo de uvas. ¡He comido mucha fruta! Y en la pastelería compré unas tartas que comí en seguida; ¡estaban absolutamente deliciosas! Estoy segura que vas a encontrarme más gorda.

Volvemos a casa el día diez; voy a escribirte entonces.

Nada más por ahora,
Un abrazo de tu amiga
Luisa

## ¡Te toca a ti!

Contesta a la carta de Luisa, describiendo cómo
fuiste de compras antes de Navidad. ¿Qué regalos
compraste? ¿Fuiste al supermercado, a los
almacenes, o a las tiendas pequeñas? En la
droguería, ¿compraste jabón para tu abuela o un
perfume especial para tu madre? ¿Fueron muy caros
los regalos? Quizás fuiste a la pastelería para
comprar pasteles para Navidad, y en la frutería
compraste fruta para el pastel de Navidad. ¿Y
compraste algo para ti mismo(a) . . . ?

## Ahora la prueba . . . .

**1** You and your family have just arrived in a small town
after a long drive and want to know where you can buy
some basic items before continuing your journey. Your
partner plays the part of a Spanish person whom you
stop in the street. His/her responses are written below
in a random order. Ask where you can buy the
following:

- a packet of tissues
- a bar of chocolate
- a kilo of grapes
- bread
- cheese

– Hay una droguería en la plaza enfrente del cine.
– El queso se vende en la tienda de comestibles.
– Chocolate. Bueno, hay una pastelería al lado de la
  droguería.
– La panadería está al final de la calle.

**2** Can you shop for everyday necessities in these
small shops? Here are two shopping lists and two
price lists. Work with a friend to practise buying the
items on the shopping lists at the prices shown.
(Careful – a few items may not be available!)

*Shopping: Pupil A*

**a** Use the shopping list above. Your partner will play
the part of the shopkeepers. Ask for these things; if
the shopkeeper has them, he or she will tell you the
price. If they are not available the shopkeeper will
tell you so.

**b** Now you play the part of the shopkeepers. Your
partner will ask you for certain items; if you have
them, tell your partner the price using this price list.
If you do not have them, you must say so.

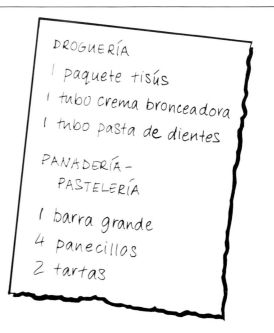

DROGUERÍA

1 paquete tisús
1 tubo crema bronceadora
1 tubo pasta de dientes

PANADERÍA –
PASTELERÍA

1 barra grande
4 panecillos
2 tartas

| FRUTERÍA | ptas |
|---|---|
| tomates – kg | 60 |
| uvas – kg | 80 |
| melocotones – kg | 75 |
| naranjas – kg | 40 |
| plátanos – kg | 50 |

| TIENDA DE COMESTIBLES | |
|---|---|
| queso – kg | 400 |
| jamón – kg | 500 |
| chorizo – kg | 450 |
| salchichón – kg | 500 |
| agua mineral (botella) | 30 |
| naranjada (botella) | 60 |

*Shopping: Pupil B*

**a** You play the part of the shopkeepers. Your partner will ask you for certain items; if you have them, tell your partner the price. If you do not have them, you must say so.

**b** Your shopping list is below. Your partner will play the part of the shopkeepers. Ask for these things; if the shopkeeper has them, he or she will tell you the price. If they are not available, the shopkeeper will tell you so.

---

FRUTERÍA

½ kg uvas

1 kg manzanas

1 kg tomates

TIENDA DE COMESTIBLES

½ kg queso

1 botella agua mineral

250 gramos chorizo

---

### DROGUERÍA

| | ptas |
|---|---|
| champú (botella) | 210 |
| pasta de dientes (tubo) | 80 |
| crema bronceadora (tubo) | 300 |

### PANADERÍA – PASTELERÍA

| | ptas |
|---|---|
| barra grande | 140 |
| barra pequeña | 70 |
| panecillo | 40 |
| pastel | 350 |
| tarta | 50 |

**3** It is the day before you are due to leave your penfriend's family to return home. Your penfriend's mother has asked you what you would like to take with you to eat and drink. So that she doesn't forget, she has asked you to write the items down in Spanish so she can take the list with her to the shops. To help her, write the names of the shops you would like her to go to with a list of items to buy in each one.

**4** You write a letter to your penfriend describing a shopping trip you made in order to buy a present for your mother's birthday. These illustrations can be used to help you or you can make up your own description.

El Corte Inglés.

Droguería San Vicente.

## hora sabes . . .

w you know . . .

| | |
|---|---|
| how to ask for information about shops | ¿Dónde puedo comprar fruta?<br>¿Hay una tienda de comestibles por aquí?<br>¿Dónde está la panadería? |
| how to understand some shop names | frutería<br>panadería<br>pastelería<br>tienda de comestibles<br>alimentación<br>droguería |
| how to buy . . .<br>  fruit in the **frutería** | medio kilo de melocotones<br>un kilo de naranjas<br>dos kilos de plátanos<br>dos kilos de manzanas<br>¿Hay tomates? |
| bread in the **panadería** and cakes in the **pastelería** | una barra grande de pan<br>una pequeña barra de pan<br>seis panecillos<br>un pastel<br>unas tartas<br>una tableta de chocolate<br>una bolsa de caramelos |
| groceries and other food in the **tienda de comestibles** | medio kilo de queso<br>cuarto kilo de chorizo<br>quinientos gramos de salchichón<br>doscientos gramos de jamón York<br>trescientos gramos de jamón serrano |
| items in the **droguería** | un tubo de crema bronceadora<br>un paquete de tisús<br>una tableta de jabón<br>un tubo de pasta de dientes<br>una botella de champú |
| how to describe a shopping trip | Fui primero a la frutería.<br>Compramos chocolate para mi hermana.<br>Te he comprado algo especial.<br>Pagué mil pesetas – fue muy barato.<br>No me gusta ir de compras.<br>Las cosas son caras en las tiendas.<br>Me gustan los hipermercados. |

# Me siento mal

With a bit of luck you won't need to visit a doctor while you are in Spain, but be prepared, just in case. If you feel ill, you will need to be able to explain your symptoms and understand the advice you are given.

**By the end of this unit you will be able to:**
**ask for help if you feel unwell,**
**explain what is wrong,**
**understand what you are advised to do,**
**make an appointment with the doctor by phone,**
**interpret these things for others.**

##  ¿Qué te pasa?

Mira a estos pacientes. Están muy enfermos, ¿verdad?

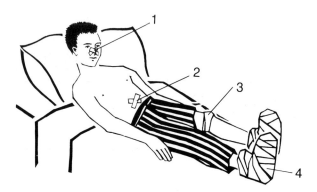

Se llama Ignacio. ¿Qué te pasa Ignacio?

1 Me duele la nariz.
2 Me duele el estómago.
3 Me duele la rodilla.
4 ¡Y me duelen los pies!

¡Pobrecito!

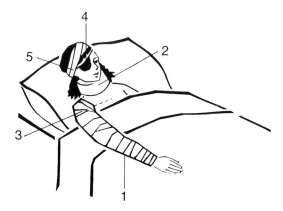

Se llama Conchi. ¿Qué te pasa Conchi?

1 Me duele el brazo derecho.
2 Me duele el cuello.
3 Me duele la espalda.
4 Me duelen los ojos.
5 ¡Y me duelen los oídos!

¡Pobrecita!

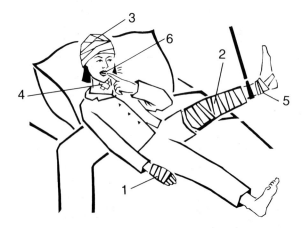

Se llama Beatriz. ¿Qué te pasa Beatriz?

1 Me duele la mano derecha.
2 Me duele la pierna izquierda.
3 Me duele la cabeza.
4 Me duele la garganta.
5 Me duele el tobillo izquierdo.
6 ¡Y me duelen las muelas!

¡Pobrecita!

## ¿Quién es . . .y qué dice?

conoces a esta gente. Son los pacientes de la
ina 72. Pero ¿les reconoces ahora? ¿Quién es, y
dice en cada caso?

**Ejemplo:**
Uno es Ignacio. Dice: Me duele la nariz.

---

## ¿Qué les pasa a éstos?

stos pacientes ¿qué les pasa? Como consecuencia
sus enfermedades y heridos, no pueden hablar.
scribe al médico lo que tienen. Ten cuidado con
detalles.

**mplo:**
duele el oído y la mano derecha.

## En el consultorio

Cuando llamaron estos pacientes al consultorio para pedir hora con el médico, la recepcionista apuntó unos detalles. Abajo tienes sus apuntes. ¿Puedes identificar a los pacientes en la sala de espera?

Tengo la gripe. No puedo dormir y tengo fiebre.

Estoy con el brazo roto.

Estoy constipado. Ten tos y tengo fiebre.

Me he torcido el tobillo. Está muy hinchado. No puedo andar.

Me he hecho daño en la rodilla. Está hinchada.

He cogido una insolación: me duele la cabeza y estoy mareada. He vomitado dos veces.

Antes de ver a cada paciente, pregunta el médico a su recepcionista:

– ¿Quién es el siguiente?
– ¿Qué le pasa?

Contesta a las preguntas del médico. Pide a tu pareja que haga el papel del médico.
Cuando sepas describir los síntomas de cada paciente, cambia de papel con tu pareja.

No he quemado la mano. Me duele mucho.

Me he cortado el de Me duele mucho.

| JUEVES | | |
|---|---|---|
| García ; Miguel | 10:30 | dedo cortado - le duele mucho |
| Romero ; Luis | 10:40 | tobillo torcido e hinchado no puede andar |
| Martín ; Teresa | 10:50 | le duele la rodilla ; hinchada |
| Cano ; Jorge | 11:00 | mano quemada |
| Pérez ; Felisa | 11:10 | gripe ; fiebre no duerme |
| Adsuar ; Laura | 11:20 | brazo roto |
| Casado ; Santiago | 11:30 | constipado ; tos ; fiebre |
| Villena ; Nieves | 11:40 | insolación |
| VIERNES | | |
| | | |
| | | |
| | | |

## ¿Puede darme hora?

Aquí está la conversación que tuvo uno de los pacientes con la recepcionista:

Recepcionista – Diga.
    Paciente – Oiga. ¿Puede darme hora para una visita al médico?
Recepcionista – ¿Puede venir mañana a las tres?
    Paciente – ¿No puede ser hoy? Me he cortado el dedo y me duele mucho.
Recepcionista – Pues sí. A las diez y media esta mañana entonces. ¿Le va bien?
    Paciente – Sí, me va muy bien.
Recepcionista – ¿Y su nombre, por favor?

Escucha ahora otras llamadas telefónicas. Imagínate que tú eres la recepcionista. Apunta lo detalles de lo que le pasa a cada paciente.

Practica unas conversaciones parecidas. Túrnate tu pareja para hacer el papel del paciente y de la recepcionista. Cuando haces el papel del pacient inventa muchos síntomas. Y la recepcionista tien que apuntar todos los detalles: el nombre del paciente, lo que le pasa, y la hora que va a ver al médico.

## ¿Qué me aconseja? 📼

...ante las vacaciones haces de guía a un grupo de
...nes españoles. Algunos de ellos se sienten mal.
...ucha lo que te dicen. Primero, identifica quién
...la.

**Milagros**

**Ramón**

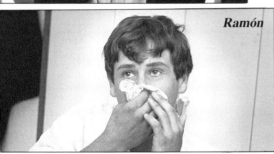

...ué aconsejarías a cada uno? Aquí tienes unas
...ibilidades:
...er al médico
...amar al médico para pedir hora
... a la farmacia
...edir hora al dentista
...entarse un rato
...omar aspirinas o jarabe o pastillas
... al hospital
...o salir más al sol

**...mplo:**
...A Ramón le aconsejo ir a la farmacia, o tomar
...nas aspirinas.

**Paz**

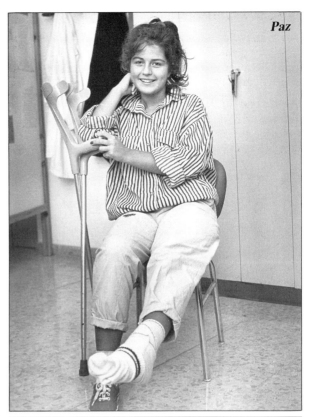

**Eduardo**

**Laura**

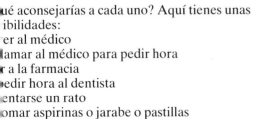

## ¿Me puede recomendar algo?

No es siempre necesario ir al médico. A menudo es más fácil ¡y menos caro! ir a una farmacia. El farmacéutico sabe mucho y te puede recomendar o sugerir algún medicamento.

Aquí tienes una selección de lo que se vende en una farmacia.

¿Qué dices cuando vas a la farmacia?
Lee este diálogo. Contiene unas frases útiles.

Farmacéutico – Buenos días. ¿En qué puedo servirle?
Tú – Me duele mucho la garganta. ¿Me puede recomendar algo?
Farmacéutico – ¿Hace mucho que le duele?
Tú – Desde ayer.
Farmacéutico – ¿Tiene tos?
Tú – Sí. ¿Es necesario ver a un médico?
Farmacéutico – Creo que no. No es nada serio. Aquí tengo unas pastillas que son muy buenas.
Tú – Gracias. ¿Cuánto es?
Farmacéutico – Son 375 pesetas.

Escucha ahora más conversaciones en una farmacia y luego mira a estos pacientes. Imagina que tú eres uno de ellos. ¿Qué le vas a decir al farmacéutico? ¿Y qué te recomienda el farmacéutico? Practica las conversaciones con tu pareja.

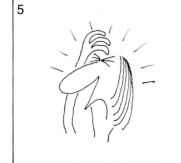

## ¡Ten cuidado!

[C]uando tomas medicamentos, es muy importante
[lee]r y seguir las instrucciones atentamente.

[¿En]tiendes lo que tienes que hacer? Explícaselo a tu
[par]eja en inglés.

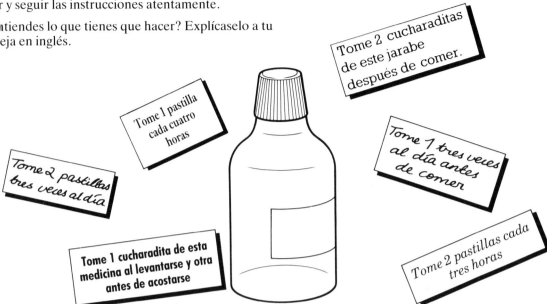

Tome 2 cucharaditas de este jarabe después de comer.

Tome 1 pastilla cada cuatro horas

Tome 2 pastillas tres veces al día

Tome 1 cucharadita de esta medicina al levantarse y otra antes de acostarse

Tome 1 tres veces al día antes de comer

Tome 2 pastillas cada tres horas

[De]safortunadamente, tu corresponsal tiene que ir a
[la] farmacia mientras está de vacaciones en tu casa.
[Cu]ando vuelve con los medicamentos, no entiende
[lo] que tiene que hacer con ellos. ¡Ayúdale! Pide a tu
[par]eja que haga el papel de tu corresponsal:

**Ejemplo:**

Tu pareja – ¿Qué significa 'two teaspoons every four hours'?

Tú – Tienes que tomar dos cucharaditas cada cuatro horas.

1 tablet every 3 hours

1 teasp. before meals

2 tablets on getting up

2 teasps. before going to bed

2 tablets every 4 hours

1 teasp. 3 times daily

2 teasp. after meals

1 tablet morning and night

2 teasps. every 4 hours

2 tablets after meals

# Ahora la prueba . . .

**1** Vas a escuchar a unos pacientes que explican a un médico lo que les pasa. Los pacientes son españoles de vacaciones aquí y el médico no entiende lo que dicen. ¿Puedes ayudarle? Toma algunas notas en inglés sobre cada uno para que el médico pueda enterarse de lo que les pasa.

**2** Mientras estás de vacaciones en casa de tu corresponsal coges una insolación muy mala. Estás muy enfermo(a); te duele la cabeza; no puedes dormir ni comer. Tienes frío(a), pero tienes fiebre y estás mareado(a). Los padres de tu corresponsal están muy preocupados y llaman al médico. Él te hace varias preguntas. Pide a tu pareja que haga el papel del médico. ¿Sabes contestar a sus preguntas?

¿Cuándo fuiste a la playa?
¿Cuánto tiempo pasaste allí?
¿Te pusiste alguna crema?
Al volver de la playa, ¿comiste algo?
Y después, ¿qué hiciste?
¿Cuándo empezaste a sentirte mal?

Y ahora, explícame qué tal te encuentras.
¿Has tomado algún medicamento?
¿Cuántos años tienes?

**3** You fall ill in Spain and need to call a doctor to make an appointment. Ask your partner to play the part of the receptionist and then change roles.

– Diga.
– (*Ask if you can make an appointment to see the doctor.*)
– ¿Puede venir mañana por la tarde? Está muy ocupado hoy.
– (*Say you have a bad stomach ache and a temperature and ask her if it would be possible to have an appointment for today.*)
– Bueno, ¿puede venir a eso de las doce?
– (*Say that will be alright.*)

**4** You fall ill while staying with a penfriend. Your friend's father takes you to the doctor. Listen to what the doctor has to say. What does she recommend?

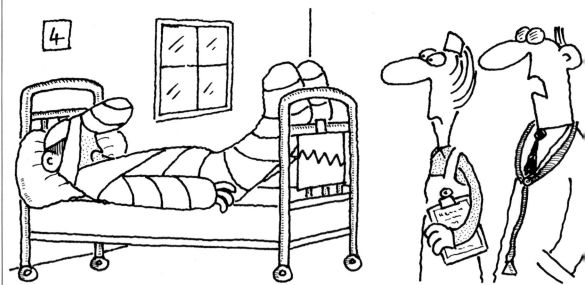

Al paciente de la cama número 4, no le deje fumar, ni beber, ni hablar, ni leer, ni escuchar la radio, ni ver la televisión. Pero, de todos modos, que no se prive de un poco de distracción

| | |
|---|---|
| how to say that you feel unwell | Me siento (muy) mal. |
| how to say that something hurts | ¿Qué te pasa?<br>Me duele la nariz/el dedo.<br>Me duelen las muelas/los pies.<br>¿Qué le pasa?<br>¿Qué le pasa a Alfredo?<br>Le duele el estómago.<br>A Alfredo le duele la garganta. |
| how to give more precise details | Me duele el brazo derecho.<br>Le duele la mano derecha.<br>¿Te duele el tobillo izquierdo?<br>¿Le duele la pierna izquierda? |
| how to describe other ailments and injuries | Me he cortado el dedo.<br>Se ha torcido el tobillo.<br>¿Dónde te has hecho daño?<br>Me he quemado la mano.<br>Ha cogido una insolación.<br>Estoy constipado/a.<br>Está mareado/a.<br>¿Tienes tos?<br>Tengo fiebre.<br>Tiene la gripe.<br>Tengo el brazo roto.<br>No puede andar. |
| how to make an appointment with the doctor | ¿Puede darme hora para una visita?<br>¿No puede ser hoy?<br>¿Le va bien?<br>Sí, me va muy bien.<br>Es urgente.<br>¿A qué hora vengo? |
| how to give and ask for advice | ¿Qué me aconseja?<br>¿Me puede recomendar algo?<br>¿Es necesario ver a un médico?<br>¿Me puede ayudar?<br>Le aconsejo no salir más al sol.<br>Le recomiendo este jarabe, y estas pastillas.<br>Tome estas aspirinas. |
| how to understand instructions on medicine packets and bottles | dos cucharaditas<br>tres veces al día<br>cada cuatro horas<br>antes de $\Big\}$ comer<br>después de |

## ¡A comer!

When you eat with a Spanish family you will almost certainly be offered very good food. You will also have an excellent opportunity to make friends and practise your Spanish.

**By the end of this unit you will know how to:**
**say what you like, dislike or prefer,**
**accept and decline offers of food,**
**ask about and describe certain dishes,**
**say what you think about a particular dish or**
**meal,**
**introduce people and respond to**
**introductions,**
**offer to help before or after a meal.**

### ¿Qué te gusta comer y beber?

Aquí tienes algunas cosas que comen los españole muy a menudo. Si no sabes qué son, pregúntaselo tu profesor/a.

*Ejemplo:*
– Por favor, el número tres, ¿qué son?
– Por favor, el número siete, ¿qué es?

Haz una lista de las cosas aquí que te gustan, y otr de las cosas que no te gustan, para ayudar a la mar de tu corresponsal.

me gusta:
la ensaladilla
el flan
la sopa

me gustan:
las gambas
los filetes

no me gusta:
la ensalada
el pescado
el queso

no me gustan:
las judías

Aquí tienes la lista que hizo Miguel antes de ir a pasar unos días con su corresponsal inglés. ¿Es m distinta a la tuya?

Pregunta a tu pareja lo que le gusta comer. Haz u lista para él o para ella.

*Ejemplo:*
Tú – ¿Te gusta la sopa?
Tu pareja – Sí, me gusta mucho.
Tú – ¿Te gustan las chuletas?
Tu pareja – No, no me gustan.

Has invitado a tu pareja a comer en tu casa. Escri un menú que le va a gustar. Escoge un primer plat (números 1 a 5), un segundo plato (números 6 a 9 un postre (números 10 y 11). Si quieres, puedes servir a tu pareja otras cosas que no están aquí. ¿Estás seguro/a de que le van a gustar? Si no, pregúntale a ver.

## ¿Te gusta . . . la macedonia de frutas?

os españoles les gusta la macedonia de frutas. Es
postre muy rico. Se hace con todo tipo de fruta:
anjas, mandarinas, piñas, uvas, peras,
aricoques, cerezas, melones, melocotones.
uántas frutas ves en esta foto? Trabaja con tu
eja a ver en qué consiste esta macedonia:

mplo:

    Tú – ¿Hay manzanas?
pareja – No, no hay ninguna.
    Tú – Sí, las hay. Allí hay unas manzanas.

    Tú – ¿Hay plátanos?
pareja – Sí, allí hay unos plátanos.
    Tú – No son plátanos, son piñas. No hay
         ningún plátano.

## ¿Qué es esto?

España se come muy bien. En los supermercados
n las tiendas de comestibles hay una gran
iedad de productos. Es muy interesante visitar un
ermercado español, a ver lo que se vende. Abajo
ven muchos productos que se venden allí.

s a un supermercado con tu corresponsal (tu
eja). Tiene una lista de las cosas que tiene que
nprar. A ver si el supermercado tiene todo lo que
cesita. Tu pareja te pregunta si puedes ver las
as que quiere comprar.

mplo:

pareja – Necesito champiñones. ¿Los ves?
    Tú – Sí, están aquí.

½ kilo de champiñones
1 litro de zumo de tomate
mayonesa
1 kilo de cebollas
3 botellas de gaseosa
1 lata de aceitunas
lechuga
1 chorizo
sal
2 kilos de zanahorias
1 botella de aceite de oliva
2 botellas de sidra
½ kilo de mejillones
mermelada

### Las comidas españolas

Unos alumnos del Instituto Santa Clara han escrito una descripción de las comidas típicas en España.

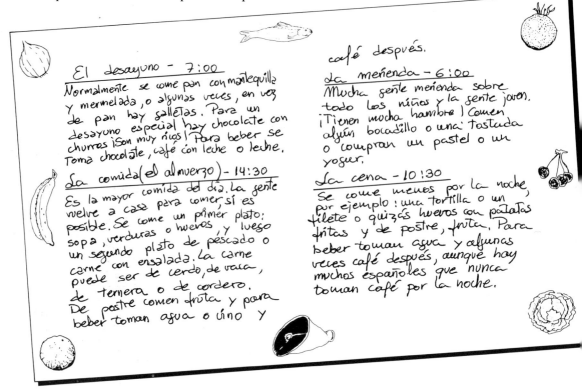

El desayuno - 7:00

Normalmente se come pan con mantequilla y mermelada, o algunas veces, en vez de pan hay galletas. Para un desayuno especial hay chocolate con churros ¡son muy ricos! Para beber se toma chocolate, café con leche o leche.

La comida (el almuerzo) - 14:30

Es la mayor comida del día. La gente vuelve a casa para comer, si es posible. Se come un primer plato; sopa, verduras o huevos, y luego un segundo plato de pescado o carne con ensalada. La carne puede ser de cerdo, de vaca, de ternera o de cordero. De postre comen fruta y para beber toman agua o vino y café después.

La merienda - 6:00

Mucha gente merienda sobre todo los niños y la gente joven. ¡Tienen mucha hambre! Comen algún bocadillo o una tostada o compran un pastel o un yogur.

La cena - 10:30

Se come menos por la noche, por ejemplo: una tortilla o un filete o quizás huevos con patatas fritas y de postre, fruta. Para beber toman agua y algunas veces café después, aunque hay muchos españoles que nunca toman café por la noche.

Draw up a similar timetable and description for the Spanish pupils so that they will have some idea of what to expect if they come to visit you. How different is it from the one above?

### A comer – hora española

Mira el horario de comidas en el hotel Princesa Sofía.

En el hotel inglés donde tú trabajas hay unos huéspedes españoles. ¿Puedes explicarles el horario de las comidas?

**HOTEL PRINCESA SOFÍA**
Horario del Comedor

| | |
|---|---|
| Desayuno | 7:30 – 9:00 |
| Comida | 2:00 – 4:00 |
| Cena | 9:00 – 11:00 |

**The King's Manor**

Meals are served at the following times:

| | |
|---|---|
| Breakfast | 7.30 – 9.30 |
| (Sundays) | 8.00 – 10.00 |
| Lunch | 12.00 – 2.00 |
| Dinner | 7.30 – 9.00 |

*For room service please dial 9.*

Aquí se puede desayunar entre las 7.30 y las 9.30.
Hay que comer entre las 2.00 y las 4.00.
Y la cena se sirve entre las 9.00 y las 11.00.

¿A qué hora se puede desayunar?
¿A qué hora se sirve el almuerzo?
¿Se puede cenar a las nueve y media?

## Te presento a . . .

[La]s familias españolas suelen invitar a mucha gente [a ce]nar, por ejemplo a amigos, parientes y vecinos. [Ya] sabes hablarles con todos sin problema, pero [¿sa]bes lo que hay que decir cuando te presentan a [ello]s por primera vez?

[Est]as frases te ayudarán:

| | |
|---|---|
| [¡]Hola! ¿Qué tal? | Hello! How are you? |
| Mucho gusto. ⎫<br>Encantado(a). ⎭ | Pleased to meet you |
| ¿Cómo está Vd? | How are you? (polite) |
| Bienvenido(a) a España. | Welcome to Spain. |
| Mucho gusto en conocerle. | I'm very pleased to meet you. |
| Ya conoces a todos, ¿no? ⎫<br>Ya conoces a todo el mundo, ¿verdad? ⎭ | You already know everyone, don't you? |
| ¿Conoces a mi amigo Manolo? | Do you know my friend Manolo? |
| Creo que no conoces a nadie aquí. | I don't think you know anyone here. |
| Te presento a mi prima Luisa. | This is my cousin Luisa. |
| Creo que Vd. no conoce todavía a mi marido. | I don't think you've met my husband yet. |
| Le voy a presentar a mi abuela. | I'm going to introduce you to my grandmother. |
| Conocí a su esposa en casa de mi corresponsal. | I met his wife at my penfriend's house. |
| No conozco a nadie. | I don't know anyone. |
| No conozco a tu tío. | I haven't met your uncle. |
| Sí, ya le/la conozco. | Yes, I already know him/her. |
| No, todavía no. | No, not yet. |

La madre de tu corresponsal, Carlos, ha invitado a algunos amigos a cenar durante tu estancia con ellos. Aquí tienes su lista de invitados:

> Voy a invitar a:
> Los señores de Adsuar que viven al lado y su sobrino Fernando,
> mi sobrina Maribel y su marido Tomás,
> dos amigos de Carlos, Luis y Eduardo,
> el señor Gómez que trabaja con mi marido y su hija Elisa.

Imagina que tú ya conoces a la señora Adsuar, a Maribel, a Eduardo y a Elisa Gómez. Pide a tu pareja que haga el papel de la madre de tu corresponsal, y que trate de presentarte a *todos* los invitados. Luego cambia de papel.

***Ejemplo:***
La madre – ¿Conoces a los señores de Adsuar?
      Tú – Conozco a la señora Adsuar. La conocí ayer, pero no conozco a su marido.
La madre – Entonces, te presento a Joaquín Adsuar. Es vecino nuestro.
      Tú – Mucho gusto en conocerle, señor.

### Mucho gusto

Presenta a dos amigos tuyos a tus compañeros de clase. Después de presentarles, añade algo interesante sobre ellos o ellas.

***Ejemplo:***

Te presento a mi amigo Andrew. Le gusta mucho el windsurfing.

## ¿Quieres . . . ?

During a meal you will be offered many different things to eat and drink, and you will need to know how to accept or refuse them.

These phrases will help you:

| | |
|---|---|
| Sí, por favor, me gusta mucho. | Yes please, I like it very much. |
| Es riquísimo(a) buenísimo(a) delicioso(a). | It is delicious. |
| Sí, por favor; huele bien. | Yes please; it smells good. |
| Sí, por favor; pero sólo un poquito. | Yes please; just a little. |
| No gracias, no puedo más. Ya he comido muy bien. | No thank you; I can't manage any more. I have eaten very well. |
| Está muy bueno(a), pero no puedo más, lo siento. | It is very good but I'm full, I'm sorry. |
| No gracias. Ahora no. | No thank you. Not just now. |
| Lo siento, pero no me gusta. | I'm sorry but I don't like it. |
| Gracias, basta ya. | Thank you, that's enough. |

Ask your partner to play the part of your host, and to o‍ you the items listed below. Practise your replies. Acce‍ each offer first of all:

**Ejemplo:**
Tu pareja – ¿Quieres agua?
　　　Tú – Sí, por favor.
**o bien:**
Tu pareja – ¿Un poquito de queso?
　　　Tú – Sí, está muy bueno.

Then refuse each offer politely:

**Ejemplo:**
Tu pareja – ¿Espero que te gusten los champiñones?
　　　Tú – Huelen bien, pero no gracias.
**o bien:**
Tu pareja – ¿Te gustaría más sopa de mariscos?
　　　Tú – No gracias, es riquísima, pero no puedo más.

Lastly, say what you would really say in answer to the questions.

1 ¿Quieres agua?
2 ¿Te gustaría más sopa de mariscos?
3 ¿Otra manzana?
4 ¿Quieres más carne?
5 ¿Te sirvo patatas?
6 ¿Espero que te gusten los champiñones?
7 ¿No puedes comer otra pera?
8 ¿Un poquito de queso?
9 ¿Tomas café?
10 ¿Te gusta el jamón? ¿Otro poquito?

---

 ## ¿Te gustaría un poquito más?

Ahora te toca a ti.

Un español pasa unos días en tu casa. Durante la cena le ofreces varias cosas. Pide a tu pareja que haga el papel del español. A ver si puedes usar todas las frases subrayadas que están arriba, cambiando la comida o bebida según los dibujos.

**Ejemplo:**
En vez de preguntar
– ¿Quieres agua?
podrías preguntar
– ¿Quieres Coca-Cola?

🔊 It is very important to know how to accept and refu‍ offers politely, because it is easy to give offence unintentionally. Listen to some short dialogues betwee‍ Spanish hosts and their guests. What do you think of t‍ guests' replies? How do you think the Spanish hosts reacted? Now listen to the conversations again and improve them if you think it necessary.

## ¿Qué prefieres?

Si te ofrecen más de una cosa ¿cuál escogerás?

> Qué prefieres ¿agua o gaseosa?

> De primer plato hay una sopa de verduras o una ensaladilla mixta. ¿Qué prefieres?

> ¿Un bocadillo? Claro. ¿Qué quieres? Queso, chorizo, jamón de York? ¿tortilla?

> ¿Quieres merendar? ¿Qué quieres? ¿Un bocadillo? ¿Un yogur? ¿un pastel?

> De postre hay helado de fresa o flan.

> Como fruta tenemos uvas, manzanas y melocotones.

> Para el desayuno ¿qué prefieres tomar? ¿café? ¿chocolate? ¿té?

> El flan, ¿lo quieres solo, con nata o con helado?

Pide a tu pareja que te haga estas preguntas. ¿Qué vas a contestar?

**Ejemplo:**
Tu pareja – ¿Cuál prefieres, agua o gaseosa?
    Tú – Agua, por favor.

**o bien**
Tu pareja – El flan, ¿lo quieres solo, con nata o con helado?
    Tú – Solo, por favor. No me gusta ni la nata ni el helado.

Algunas veces es más difícil porque te gustan todas las cosas que te ofrecen. ¡Tienes que pensarlo bien! Pide a tu pareja que te haga las preguntas otra vez e imagina que te gustan todas las cosas que te ofrecen. ¿Qué dirás?

**Ejemplo:**
Tu pareja – Bueno, de postre hay helado de fresa o flan.
    Tú – Pues, no sé; me gusta el helado de fresa y me gusta el flan también. Creo que voy a escoger un flan. Sí, un flan por favor.

---

## No lo he probado nunca

Si no sabes qué es lo que te ofrecen, pero te gustaría probarlo, ¿qué dices?

**Ejemplo:**
– ¿Te gustan los calamares?
– No sé, no los he probado nunca, pero me gustaría probar un poquito.

> ¿calamares?

Pide a tu pareja que te ofrezca estas cosas:

> ¿churros?
> ¿paella?
> ¿tapas?
> ¿sangría?
> ¿vino tinto?
> ¿tarta helada?

Luego túrnate con tu pareja para ofrecer estas cosas:

> ¿flan?
> ¿ensaladilla?
> ¿gazpacho?
> ¿gambas?
> ¿carne de ternera?
> ¿jamón serrano?

### ¿Te falta algo?

Si necesitas algo, lo tienes que pedir:

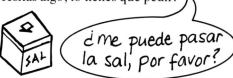

¿me puede pasar la sal, por favor?

Se puede decir también
– **Páseme** la sal, por favor.
Si pides algo a un amigo, tienes que cambiar las dos frases un poquito:
– **Me puedes pasar** la sal, por favor.
– **Pásame** la sal, por favor?

Necesitas todas estas cosas. ¿Cómo las vas a pedir primero a un amigo, y luego a un desconocido? Practica con tu pareja.

*Ejemplo:*
(a un amigo)
– ¿Me puedes pasar el agua, por favor?
– Sí, desde luego. Toma.

(a un desconocido)
– ¿Me puede pasar el agua, por favor?
– Sí, desde luego. Tome.

### ¡Me gustaría probarlo!

En una cocina española hay muchos olores apetitosos. Entras en la cocina y te parece que algo huele muy bien . . . .

Tú – ¡Huele bien! ¿Qué es?
Cocinera – Es una tortilla española.
Tú – ¿Cómo se hace?
Cocinera – Se hace con huevos, patatas y cebolla. Se come caliente o fría, con pan. Es muy rica. ¿Te gustaría probarla?
Tú – Mmm. Sí, me gustaría probarla.

Te ofrecen otros platos que, a lo mejor, no conoces. Haz un diálogo parecido a éste sobre cada uno según la información que tienes. Tu pareja, que hace el papel de cocinero(a), tiene que emparejar primero la información que corresponde a cada plato. Después, túrnate con él o ella.

Es ensaladilla rusa

Es leche frita

Es fabada asturiana

Es gazpacho andalu...

Es una sopa que se hace con tomates, cebolla, pepino y ajo. Se come frío. Es riquísimo, sobre todo cuando hace calor.

Se hace con patatas, guisantes, zanahoria, huevos, aceitunas y mayonesa. Se come fría con un poquito de pan. En los bares te puede pedir una ración de ensaladilla.

Es un postre ¡muy dulce! Se hace con leche, azúcar, huevos y harina y se fríe en aceite. Se come fría.

Es típica de Asturias. Es un plato muy fuerte que se hace con alubias, chorizo y carne de cerdo.

# UNIDAD 9

## ¿Le puedo ayudar?

ou offer to help, or respond to a request for help, your
sts will think you are the perfect guest and will probably
te you again.
ng and responding to these phrases will help you to
ke a very good impression.

| | |
|---|---|
| ¿Pongo la mesa? | Shall I lay the table? |
| ¿Le ayudo a fregar los platos? | Can I help you wash up? |
| ¿Me ayudas a quitar la mesa? | Will you help me to clear the table? |
| ¿Quieres ayudarme a fregar los platos? | Will you help me to wash up? |
| Sí, ¿cómo no? | Yes, of course. |
| ¿Dónde pongo los vasos? | Where shall I put the glasses? |
| ¿Dónde están los platos? | Where are the plates? |
| Puedes ponerlos en el armario. | You can put them in the cupboard. |
| ¿La mantequilla? Ponla en el frigo. | The butter? Put it in the fridge. |
| Deja los platos sucios en el fregadero. | Leave the dirty plates in the sink. |
| Los tenedores están en el cajón. | The forks are in the drawer. |
| El pan es ya muy duro. Tíralo. | The bread is very hard now. Throw it away. |
| ¿Está bien así? | Is it all right like that? |
| Sí, sí, está muy bien. | Yes, that's fine. |

Listen to the tape and say which of the conversations
atch these photos.

### Cada cosa en su sitio

Una mañana Miguel y Paul se levantan tarde. Al
bajar a la cocina encuentran esta nota que les ha
dejado la madre de Miguel:

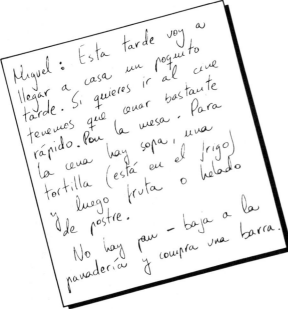

Miguel: Esta tarde voy a
llegar a casa un poquito
tarde. Si quieres ir al cine
tenemos que cenar bastante
rápido. Pon la mesa. Para
la cena hay sopa, una
tortilla (está en el frigo)
y luego fruta o helado
de postre.

No hay pan – baja a la
panadería y compra una barra.

You agree with Miguel that while he goes to buy the
bread you will lay the table. Make a list of all the things
you will need and check with Miguel where they are ke
before he goes out. Make a note so you won't forget. Ta
it in turns with your partner to be Miguel.

**Ejemplo:**
Tú – Primero el mantel. ¿Dónde está?
Miguel – En el cajón del armario en el comedor.
Tú – Y todos necesitamos un plato. ¿Están e
el comedor también?
Miguel – No, están en la cocina, en el armario al
lado del frigo.

Now imagine that Miguel is staying with you. He asks y
the same questions that you asked him. Can you answ
them?

**Ejemplo:**
Miguel – ¿Dónde está el mantel?
Tú – Está en la cocina. El cajón a la derecha
del fregadero.
Miguel – ¿Y los platos?
Tú – En el armario encima de la cocina.

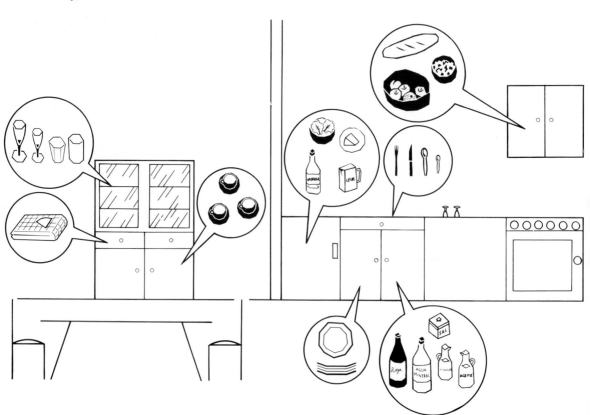

### ¿Le ayudo a quitar la mesa?

r your evening meal the table looks like this:

offer to clear the table. Ask where you should put
rything, and make sure you don't forget anything. Use
picture opposite to help you.

**mplo:**

Tú – ¿Dónde pongo los cuchillos y los
tenedores?

guel – Si están sucios, en el fregadero, pero si
están limpios, en el cajón en la cocina.

Tú – Bueno, están sucios todos. ¿Pongo la
ensalada en el frigo?

guel – Sí . . . bueno no, ya no está buena.
Tírala.

ctica la conversación con tu pareja.

**Chiste:**
Un grupo de amigos están orgnaizando una
comida en común. Tienen que decidir qué va a
traer cada uno.
– Yo llevaré el vino – dice el primero.
– Yo, la fruta – dice otro.
Y finalmente Pedro, a quien no le gusta gastar
dinero, dice:
– Yo traeré a mi hermano.

*Ahora la prueba . . .*

**1** To prove that you know how to be the perfect guest, practise these conversations.

– Siéntate aquí. ¿Tienes hambre?
– (*Say thank you, and yes, you are hungry.*)
– ¿Te gusta la sopa de pescado?
– (*Say you like it very much.*)
– ¿Qué quieres para beber: agua, vino, algún refresco?
– (*Say what you would like.*)
– ¿Quieres más sopa?
– (*Say it's very good, but no thank you.*)
..................................................................

– De segundo plato tenemos pollo al ajillo. Espero que te gusta.
– (*Say you don't know, but you would like to taste it.*)
– ¿Patatas fritas?
– (*Say yes please, you like chips.*)
– ¿Quieres más pan?
– (*Say no thank you.*)
– ¿Te gusta el pollo?
– (*Answer yes or no.*)
..................................................................

– Bueno, ¿de postre qué te gustaría? Hay fruta o también hay flan.
– (*Say you don't like fruit very much but would like a crème caramel.*)
– ¿Con nata o sin nata?
– (*Choose which you would like.*)
– ¿Otro flan?
– (*Say no thank you, you have had enough.*)

– ¿Tomas café?
– (*Say perhaps later. Offer to help to clear the table.*)

**2** As a guest of a Spanish family you are introduced to the people you can see in the photograph below. Take turns with your partner to play the part of the Spanish host introducing one of the guests.

***Ejemplo:***
Amigo español – ¿Conoces a Julia?
         Tú – No, no la conozco.
Amigo español – Entonces te presento a mi amiga Julia.
         Tú – Mucho gusto.

**3** Before and after the meal you would like to help your hosts. Play the part of the guest in the first dialogue and change roles with your partner for the second.
– (*Ask if you can set the table.*)
– Sí, por favor. El mantel está en el cajón.
– (*Ask where the plates are.*)
– Están abajo en el armario.
– (*Ask where to put the glasses.*)
– Bueno, dos vasos para cada uno. Ponlos así.
..................................................................
– (*Ask if you can help clear the table.*)
– Sí, ¿cómo no?
– (*Ask where the cheese is to go.*)
– Ponlo en el frigo.
– (*Ask if you can help wash up.*)
– No gracias, está bien. Lo pongo todo en el lavaplatos.

Julia, amiga     Pedro, primo

Carlos, amigo

Angeles, vecl

Asun, hermana de Angeles

*¿ora sabes . . .*

*¿ you know . . .*

| | |
|---|---|
| ¿ow to say which foods you like, dislike or prefer | No me gusta el queso.<br>Me gustan las gambas.<br>Prefiero los calamares. |
| ¿ow to make and understand offers of food and drink | ¿Quieres (más) agua?<br>¿Te gustaría una manzana?<br>¿Otro vaso?<br>¿No puedes comer un poquito?<br>¿Tomas café?<br>¿Te sirvo la coliflor? |
| ¿ow to respond to offers of food and drink and express an opinion | Sí, por favor; me gusta mucho.<br>No gracias, no puedo más.<br>Lo siento pero no me gusta.<br>Sólo un poquito.<br>He comido muy bien.<br>Me gustaría probarlo.<br>Es delicioso/rico/riquísimo.<br>Está muy bueno/buenísimo.<br>¡Huele bien! |
| ¿ow to ask for something to be passed to you | ¿Me puede(s) pasar la sal, por favor?<br>Pásame ⎫<br>Páseme ⎬ la mayonesa, por favor. |
| ¿ow to ask about and describe certain dishes | ¿Qué es?<br>¿Cómo se hace?<br>Se hace con . . .<br>Se come caliente/frío (con . . .)<br>Es un postre. |
| ¿ow to introduce people and respond to introductions | ¡Hola! ¿Qué tal?<br>Mucho gusto (en conocerle).<br>Encantado(a).<br>¿Cómo está usted?<br>¿Conoces a mi primo?<br>Todavía no. No le conozco.<br>Sí, le conocí en la fiesta.<br>Te presento a mi tía Julia.<br>Sí, ya la conozco. |
| ¿ow to offer to help at mealtimes and understand requests and instructions | ¿Pongo la mesa?<br>¿Le ayudo a quitar la mesa?<br>¿Me ayudas a fregar los platos?<br>¿Dónde pongo . . . ?<br>Puedes ponerlos en el armario.<br>Ponlo en el frigo.<br>Déjalos en el fregadero.<br>Está en el cajón.<br>Tíralo. |

## Recuerdos

| | |
|---|---|
| When you are talking to Spanish friends about the holidays you and your family have had, you will want to give as much information as you can. | **By the end of this unit you will be able to:** **say where you and your family went for your holidays,** **say what you (and they) did and saw on holiday,** **understand other people talking about their holidays,** **describe the weather you had.** |

### Extra vacaciones

A ver primero cómo pasaron las vacaciones estas personas. En una revista española salió este artículo donde invitaron a sus lectores a hablar de sus vacaciones. Lee el artículo. ¿Cuál te gustaría más? ¿Por qué?

– Después de tanto trabajo nos encantó la idea de alquilar un «cottage» en Cornualles. Buscamos la tranquilidad y la encontramos en un pequeño pueblo cerca de la bahía de Saint Ives. Sacamos fotos de St Michael's Mount e hicimos una excursión a Land's End.

*Concha Velásquez*

– Fui por primera vez a México. Viajé a la capital primero y visité el Castillo de Chapultepec construido por los conquistadores sobre un palacio de Moctezuma. También vi las ruinas aztecas en Teotihuacán. En la avenida principal de la ciudad hay la Pirámide del Sol donde se hacían sacrificios humanos. Al final pasé unos días en Acapulco. Fueron unas vacaciones estupendas. Hizo un tiempo maravilloso.

*Jaime González*

Siempre he querido ir a Egipto. Esta primavera nos decidimos visitar el país. Fuimos al Cairo en avión y cogimos otro avión hasta Luxor. Viajamos en barco por el Nilo. Visitamos las pirámides por la noche – son muy hermosas a la luz de la luna. Dimos una vuelta en avión para ver las maravillas del Egipto faraónico. Todo fue fascinante. Los tesoros que hay en el Museo del Cairo – ¡fabulosos!

*Jorge Murillo*

## Una carta de Luisa

[Joa]nne receives a letter from her penfriend. She is [go]ing to read about Luisa's Easter holidays because [sh]e asked about them in her last letter. Joanne wants to [kn]ow:

[where] Luisa went,
[where] she stayed,
[what] she did,
[whether] she had a good time.

Read the letter and see if Joanne's questions have been answered.

Joanne muestra las fotos a sus padres. ¿Qué puede decirles sobre cada una depués de haber leído la carta?

---

Santander,
el 15 de mayo

¡Hola Joanne!

¿Qué tal fueron tus vacaciones de Semana Santa? Me dijiste en tu última carta que normalmente te quedas en casa. ¿Qué hiciste entonces? ¿Fuiste a algún sitio?

Este año mis padres decidieron ir a Asturias en coche. Fuimos todos y pasamos ocho días allí. Primero fuimos a la capital, Oviedo, y nos alojamos en un hostal. Nos gustó pasear por las calles antiguas. Fuimos a los bares y conocimos a muchos chicos asturianos. Pasamos largos ratos charlando con ellos y jugando a los futbolines.

Luego fuimos a Gijón, el centro turístico de la región. Hacía buen tiempo y bajamos a la playa. Nos bañamos y tomamos el sol. Nuestros padres descansaron; leyeron libros y durmieron bastante.

Por la tarde cenamos en un restaurante. Yo pedí fabada y sidra y mis hermanos pidieron lo mismo. No pude terminar la fabada; se la comió Pepe. Comió demasiado el pobre y se puso enfermo.

Volvimos el miércoles. En camino tuvimos un pinchazo. Mi padre tuvo que cambiar la rueda.

Sin embargo, fueron unas vacaciones estupendas. Sólo llovió un día.

Escribe pronto y cuéntame cómo pasaste las vacaciones. Tuviste dos semanas de vacaciones, ¿verdad? ¿Qué tiempo hizo?

Un abrazo de tu amiga

Luisa

P.D. Te envío unas fotos de las vacaciones.

### Unas fotos de las vacaciones

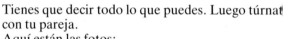 Tu amigo Manolo, su amiga María y tú, estáis hablando de las vacaciones. Manolo os enseña unas fotos y María le hace preguntas. Escucha lo que dicen y trata de descubrir cosas que no están en las fotos.

Ahora te toca a ti. Enseñas las siguientes fotos de tus vacaciones a tu amigo español. Pide a tu pareja que haga el papel del amigo. Te hace preguntas como:
¿Adónde fuisteis?
¿Qué hicisteis?
¿Dónde os alojasteis?
¿Dónde comisteis?
¿Qué visitasteis?
¿Lo pasasteis bien?

Tienes que decir todo lo que puedes. Luego túrnate con tu pareja.
Aquí están las fotos:

## ¿Qué tal fue el viaje?

egas con tus padres al Hotel Bahía en Santander. representante de la compañía Brittany Ferries ce una encuesta sobre el viaje que habéis hecho. luchos pasajeros se quedan algunos días en este tel.) Primero hace preguntas a una pareja pañola.

hora te toca a ti. Tu pareja hace el papel del presentante y te hace las siguientes preguntas bre tu viaje. Luego túrnate con él o ella.

¿De dónde son ustedes?
¿Cuándo empezaron ustedes el viaje?
¿Cómo fueron al puerto?
¿Cuánto tiempo duró el viaje al puerto?
¿Cómo fue el viaje en barco?
¿Cómo pasaron ustedes el tiempo?

Sois de Londres. Salisteis de casa a las nueve. Fuisteis al puerto en coche – un viaje de ocho horas. Os gustó el viaje en barco. Cenasteis bien, visteis una película y charlasteis con otros pasajeros.

## ¿Qué hicisteis?

urante una visita a Santander has escrito una enda de la semana. Mira la agenda:

| | |
|---|---|
| lunes | Hicimos una excursión en autocar. Visitamos unas cuevas. |
| martes | Comimos en un restaurante típico y vimos un partido de pelota. |
| miércoles | Encontramos a unos amigos después de visitar el museo. |
| jueves | Dimos un paseo por el parque. Vimos los barcos en la bahía. |
| viernes | Jugamos al tenis. Yo gané. Fuimos a una cafetería con amigos. |
| sábado | Estuvimos en casa de unos amigos. Comimos allí y vimos una película. |
| domingo | Vimos un partido de fútbol en el estadio. Ganó el Santander. |

espués del fin de semana, tu amigo está hablando lo que habéis hecho. Mira la agenda y di si tiene zón o no. Toma notas de cualquier diferencia, o a, más información o información contradictoria. ienes que estar seguro de que tú tienes razón!

Ahora escribe una agenda como la de arriba, de una semana fabulosa que pasaste en Cantabria con tu amigo(a) español(a).

## ¿Qué tal el tiempo?

Todo el mundo tiene su propia opinión sobre el tiempo. Si a uno le gusta el calor, a otro le molesta. Cuando se habla de vacaciones el tiempo es de suma importancia. El tiempo puede significar la diferencia entre unas vacaciones estupendas y unas vacaciones malísimas.

Mira lo que dijeron unos españoles acerca del tiempo. Adivina cuál de las personas en los dibujo dijo estas cosas. Es posible que las opiniones se puedan aplicar a más de una persona.

¡Qué bien! Anoche llovió mucho y ahora mira mis flores.

¡Estupendo! Ayer hizo mucho viento y no llovió.

Hizo un tiempo maravilloso en la playa. Pasé todo el día allí.

Ayer hizo mucho calor. Vendí mis helados en dos horas.

Nevó demasiado por la noche. No pude salir e mañana.

¡Qué desastre! Volvimos sin nada. Hubo nieb una tormenta.

Me siento mal. Hizo demasiado calor en las cocinas ayer.

## Unas tarjetas postales

Durante tus vacaciones quieres escribir tarjetas postales a otros amigos en España.
Mira primero estos ejemplos:

Martes, Laredo
Llegamos ayer por la tarde. Esta mañana me bañé en el mar y esta tarde dimos un paseo. Ayer llovió un poco pero hoy hace calor y mucho sol. El hotel es cómodo y la comida muy buena.
Un abrazo.
Pedro

Sta Maribel Ga
Calle Santa J
Madrid

Reinosa, Jueves
Llegamos el martes por la mañana. Ayer subimos a los Picos de Europa y por la tarde cenamos en un restaurante típico. Hizo buen tiempo ayer, pero esta mañana nevó. El hostal es pequeño pero bueno.
Saludos
Rosi

Felipe Serrano
Barceloneta 7
18009 Barcelona

Escribe una tarjeta parecida sobre tus vacaciones o unas vacaciones imaginarias.

## Unas vacaciones malísimas

...uel dijo a Paul en su última carta que las
...aciones de sus padres habían sido un desastre a
...sa del hotel. Paul le escribió para saber lo que
...ía pasado. Miguel le ha enviado otra carta con
... copia de la publicidad del hotel.
...ee primero la publicidad y trata de adivinar lo
... les pasó a los padres de Miguel.

...ora lee la carta de Miguel:

### Hotel de las Playas

TEL 314253

* todo moderno, habitaciones con baño
* ambiente tranquilo
* vistas al mar, playas bonitas
* restaurante con cocina internacional

Santillana, 13 de ju...

Querido amigo,

Muchísimas gracias por tu carta. Me alegro de que lo pasasteis bien de vacaciones.
Me dijiste que te interesaba saber lo que les había pasado a mis padres.
Es una larga historia.

Mis padres escribieron al Hotel de las Playas y reservaron una habitación doble
con baño para siete noches. Cuando llegaron les dijeron que sólo había una
habitación sin baño. Mis padres aceptaron y subieron a la habitación. Intentaron abrir
la puerta y nada, no pudieron entrar. Bajaron otra vez y se lo explicaron a la
recepcionista quien les ofreció otra habitación, en el primer piso.

Se acostaron y pronto oyeron el ruido de la discoteca que había en el sótano
del hotel. No pudieron dormir, claro. Hablaron con el director del hotel y les dio otra
habitación en el octavo piso.

A mediodía fueron a comer pero descubrieron que la cocina estaba cerrada
por obras. Fueron a pie a la playa – ¡a un kilómetro del hotel! y la playa estaba tan
sucia que volvieron enseguida. Al día siguiente hicieron la maleta y se pusieron en
camino para volver a casa.

Ahora, Paul, ¿entiendes por qué están furiosos? Escribieron al hotel
ayer y esperan recibir una parte del dinero que han gastado. Fíjate
cuando se pone "de las playas" ¡mucho ojo!

Bueno, nada más por hoy

Tu buen amigo,
Miguel

...s padres te preguntan qué pasó. Explícales lo que
...cía en la publicidad y lo que pasó en el hotel.

**Ejemplo:**
The advertisement claimed that all rooms had a
bathroom, but the couple were offered one without.

## Ahora la prueba

**1** You receive a postcard from a Spanish couple on holiday in Asturias. You read it and make notes so that you can explain to your parents what it is about.

Lunes, Ribadesella.
Hoy fuimos a la cueva de Tito
Bustillo pero no pudimos entrar.
Sólo dejan entrar a 400 personas
diarias. Las pinturas, me dicen, son
muy impresionantes.
El sábado tuvo lugar el Descenso del
Sella. Vimos a los piragüistas bajar
por el río. Por la tarde se
celebró una fiesta con música
y mucha sidra.
Un abrazo muy fuerte,
Merche.

Jo Smith
12 Station Rd.
Bristol
INGLATERRA

**2** You and your parents have just spent six days touring Cantabria by coach. You go to visit a Spanish friend who asks where you went, and what you did and saw in each town.

Fortunately, you can remember the itinerary because you have made a sketch of the region and have taken a few notes about the places you visited. Take it in turns to play the part of the Spanish friend.

**Ejemplo:**

Amigo español – ¿Adónde fuiste el lunes?
　　　　　　Tú – Fuimos a San Vicente.
Amigo español – ¿Qué hicisteis allí?
　　　　　　Tú – Vimos el puerto pesquero.

**3** Write a postcard to a Spanish penfriend from one of the places you visited saying where you went, what you did and saw and what the weather was like.

**4** Write a reply to Luisa's letter on page 93.

SAN VICENTE
puerto pesquero
(lunes)

SANTILLANA
colegiata
cuevas
(martes)

SANTANDER
playas del
Sardinero,
campo de fútbol
(miércoles)

CASTRO URDIALES
edificios
antiguos, playa
(viernes)

REINOSA montañas
(sábado)

## *ora sabes . . .*

*you know . . .*

| | |
|---|---|
| ow to say what you and/or your family did on<br> holiday | Comieron calamares en su tinta.<br>Mis padres vieron el mar por la mañana.<br>Dimos una vuelta en barco.<br>Tuve que llamar a la estación de servicio.<br>No pudimos comerlo todo en el restaurante.<br>Mi hermano hizo una excursión en autocar.<br>Estuvieron en lo más alto de las montañas.<br>Nos pusimos el bañador y fuimos a la playa.<br>Llegaron el 23 de abril. |
| ow to ask other people about their holidays | ¿Fuisteis a Ibiza?<br>¿Qué dijeron tus padres cuando volviste a las<br> tres?<br>¿Os alojasteis en un hotel?<br>¿Viste una película?<br>¿Hicisteis una excursión?<br>¿Qué fue lo más interesante?<br>¿Cómo viajaron tus padres?<br>¿Bebieron sidra en Asturias? |
| ow to describe what the weather was like | El martes llovió mucho e hizo mucho viento.<br>Ayer hubo niebla y una tormenta.<br>Hizo demasiado calor anoche.<br>Nevó el sábado, y el domingo hizo sol otra vez.<br>Hizo mucho frío ayer por la tarde. |

## ¡Hasta la vista!

Para terminar, aquí tienes la carta que recibió Paul
después de sus vacaciones en España.

Santillana, 30 de julio

Querido amigo:

Gracias por tu amable carta y por la carta que mandaste a mis padres.
Fue muy amable. Te envían sus saludos y esperan que las vacaciones vayan
bien.

Te escribo para decirte cuánto nos ha gustado tu estancia aquí en
nuestra casa.

Ves que las fotos han salido bien. ¿Te acuerdas de la visita a San
Vicente de la Barquera y la fiesta después? Te gustó, ¿verdad? ¿Ves los
barcos de pesca en el puerto? Fue un día estupendo ¿verdad? Y el
día que fuimos a Bilbao a ver la pelota vasca. ¡No entendiste
mucho! Es muy difícil. Prefieres el tenis ¿no?

No he olvidado el día que tuvimos un pinchazo de vuelta de
Reinosa y tuve que buscar una estación de servicio. ¡Qué desastre!
Sin embargo subimos en el teleférico más tarde. ¡Qué susto me dio!

Y no olvidaré nunca las visitas a la playa y el windsurfing.
Eres peligroso, francamente. ¡Hasta los tiburones tienen miedo de ti!

Ojalá vuelvas aquí el año que viene. Por mi parte,
espero verte en Inglaterra el año que viene.
Que pases unas vacaciones muy buenas y que estudies
mucho el español y así nos hablaremos más cuando vengas
otra vez. Escríbeme pronto.

Hasta el año que viene.

Tu buen amigo,

Miguel,

¡Hasta la vista!

## Unidad 2

### Prepositions

To help you to say whom things are for, you need the words underlined in these examples:

– <u>Para mí</u>, el gazpacho. ¿Y <u>para tí</u>? *For me, gazpacho. And for you?*
– <u>Para mí,</u> la sopa de cebolla. *For me, onion soup.*

### Primer ejercicio
You are choosing a meal in a Spanish restaurant. For each course, say what you are going to order and suggest something for your Spanish friend (your partner).

### Ejemplo:

Tu – Para mí, sopa de pescado; para tí, ensalada, ¿no?
Tu pareja – Sí, para mí, ensalada, *o bien*
No, para mí, sopa de pescado también.

MENÚ DEL DÍA 700 Pts.

Sopa de pescado
o
Ensalada de lechuga

Bistec
o
Tortilla francesa

Tarta helada
o
Fruta

Pan

Agua mineral o Vino de la casa

While in Spain you are talking to your Spanish friend about the presents you are going to buy for your friends and relatives:

Tú – Voy a comprar unos regalos para mi padre y mi hermana.
Tu amigo – ¿Qué vas a comprar para él?
Tú – Para él, un monedero.
Tu amigo – ¿Y para ella?
Tú – Para ella, una camiseta.

So **para él** is 'for him' and **para ella** is 'for her'.

### Segundo ejercicio
Work with your partner, using **para él** and **para ella**, to make similar dialogues about the following people:
Mi tía y mi hermano.
Mi mejor amiga y mi padre.
Mi abuelo y mi madre.
Mi tío y mi prima.

Who is most likely to ask these questions in a restaurant?
¿Y para usted?
¿Y para ustedes?

'For you' is **para usted** when you are speaking to someone you don't know very well and **para ustedes** when you are talking to several people you don't know well. So the waiter or waitress is most likely to say these things in a restaurant.

### Tercer ejercicio
Ask your partner very politely what he or she would like:

¿Y para usted, señor/ita?

Your partner must reply '**Para mí, . . .**' then add an item to eat or drink from the menu on the left. Repeat this for each part of the meal. Then change over.

### Cuarto ejercicio
Now ask your partner what he or she would like, but this time he or she is answering on behalf of a group of people, so you say '**¿Y para ustedes?**' and your partner replies '**Para nosotros . . .**'. Then change over.

### Quinto ejercicio
A group of Spanish students is in your school on an exchange visit. You compare the daily routine of the two schools. You will need the words underlined in these examples:

Para <u>vosotros</u> en España la primera clase empieza a las nueve. Pero para <u>nosotros</u>, empieza a las nueve menos cuarto.

When you are speaking to several friends, 'for you' is **para vosotros**, or **para vosotras** if they are all female.

ow complete these sentences:

**ŝemplo:**

▸ra vosotros, las clases empiezan a las nueve, pero
▸ra nosotros empiezan a las nueve menos cuarto.

Para vosotros, el recreo es a las once, pero . . . .
Para vosotras, la comida es a las dos, pero . . . .
Para vosotras, la primera clase de la tarde empieza
a las cuatro, pero . . . .
Para vosotros, las clases terminan a las seis,
pero . . .

ʰhich sentences were said to girls only?

**ŝexto ejercicio**
ow look at this sentence:

▸ara ellos, las clases empiezan a las ocho!

ɔu were surprised by some of these Spanish times, and
report these facts to your friends, you needed to use
**ara ellos** ('for them').

ow report the other four facts from the fifth exercise, but
member to change **ellos** to **ellas** where the original
▸ntence had **vosotras.**

ɔ, the complete sequence is:

| | |
|---|---|
| para mí | = *for me* |
| para ti | = *for you* |
| para él | = *for him* |
| para ella | = *for her* |
| para usted | = *for you* |
| para nosotros(as) | = *for us* |
| para vosotros(as) | = *for you* |
| para ellos(as) | = *for them* |
| para ustedes | = *for you* |

▸ sure to learn the words which come after **para** in this
▸ble. You can put each of them after words
▸repositions) which talk about position:

▸iéntate **delante de mí!**
▸t down **in front of me**!
ɔónde están los servicios? – **¡Detrás de ti!**
ʰhere are the toilets? **Behind you**!

**Séptimo ejercicio**
You are part of an exchange visit to a Spanish school,
and you are sitting in a class, next to your penfriend. You
are anxious to make sure you know the names of at least
some of the people in the room. The seating plan looks
like this:

| Señor Ríos, el profesor | | |
|---|---|---|

| Yo | Miguel | Cristina |
|---|---|---|
| Juan | Carmen | Carlos |

You try to remember their names and practise your
Spanish by asking yourself these questions:

¿Quién está detrás de mí?
¿Quién está junto a mí?
¿Y quién está junto a él?
¿Y quién está detrás de ella?
¿Y quién está delante de nosotros?
Juan y Carlos; ¿quién está entre ellos?

How do you answer these questions in Spanish?

Sometimes you need to talk about the position of a thing,
not a person:

Es un bolso blanco; <u>dentro de él</u> hay un billetero.
Es una maleta negra; <u>dentro de ella</u> hay mucha ropa.

**Él** and **ella** can also mean 'it'. Can you find examples of
these words in the following conversation which took
place in the customs hall?

Aduanero – ¿Dónde está su maleta?
　Turista – Aquí, delante de mí.
Aduanero – ¿Qué hay dentro de ella?
　Turista – Mi abrigo . . . .
Aduanero – Su abrigo sí; y ¿qué es esto debajo de
　　　　　él?
　Turista – Es mi radio. La compré en los Estados
　　　　　Unidos.
Aduanero – ¿Su radio? Cuánto pagó usted por
　　　　　ella?
　Turista – Cuarenta dólares.
Aduanero – ¿De veras? Un buen negocio. Usted
　　　　　puede pasar.
　Turista – Adiós.

The words underlined in the following sentences help you to give and accept invitations:

¿Quieres ir a la discoteca <u>conmigo</u>?
Sí, me gustaría mucho ir <u>contigo</u>.

**Conmigo** means 'with me'.
**Contigo** means 'with you', when you are speaking to a friend.

### Octavo ejercicio

Take turns with your partner to answer these questions using **conmigo** and **contigo**:

¿Quieres ir a la discoteca conmigo?
¿Quieres comer en la cantina conmigo?
¿Te gusta trabajar conmigo en esta clase?
¿Voy a ir a la próxima clase contigo?
¿Sería posible hacer mis deberes contigo?

---

## Unidad 3

 **Primera parte: pronouns**

Look at these sentences. Can you see how the words underlined help to make sentences shorter?

– ¿Quiere usted comprar el cinturón?
– No, no <u>lo</u> compro, gracias.

– ¿Toma usted la corbata?
– Sí, <u>la</u> tomo. ¿Cuánto es?

It would be longer and clumsier to say, for example:

– ¿Quiere usted comprar el cinturón?
– No, no compro el cinturón, gracias.

You probably know that **lo** and **la** are two words which mean 'it'. Called pronouns, they are used in place of the noun (or 'thing') when it has already been mentioned. Did you see when to use **lo** and when to use **la**?
**Lo** refers to a masculine noun or thing, and **la** to a feminine noun or thing.

### Primer ejercicio

Show you can use **lo** and **la** by saying you will buy certain things.

### Ejemplo:
¿Compra usted el disco?
Sí, lo compro.

¿Compra usted la camiseta?
¿Compra usted el libro?
¿Compra usted la cámara?
¿Compra usted el pantalón?

Now say you will *not* buy these things:

### Ejemplo:
¿Compra usted la blusa?
No, no la compro.

¿Compra usted la guitarra?
¿Compra usted el tocadiscos?
¿Compra usted el sombrero?
¿Compra usted la computadora?

As you can see, **lo** and **la** ('it') go immediately in front of the verb.

### Segundo ejercicio
Use the store guide on page 26 to tell your friend on which floor you bought these items:

¿Dónde compraste la cámara?
¿Y el juguete?
¿Y la camisa?
¿Y el perfume?
¿Y la moneda antigua?
¿Y la camisa?
¿Y la raqueta de tenis?
¿Y el traje de baño?

What do you notice about the position of **lo** and **la** in these sentences?

Busco un bolso de piel; ¿dónde puedo encontrarlo?

Quiero comprar una corbata; ¿dónde puedo comprarla?

When **lo** and **la** are with an infinitive, they are joined on the end of it.

You ask the shop assistant whether she can wrap up yo purchase:

Tú – ¿Puede usted envolver la bolsa?
Dependienta – Sí, puedo envolverla.

### Tercer ejercicio
Work out the assistant's answers to your questions abo whether she can wrap things up, turn on electrical thin look for certain things, and whether you can try clothes on.

**nplo:**

>  Tú – ¿Puede envolver el billetero?
> lependienta – Sí, puedo envolverlo con placer.

>  Tú – ¿Puedo probar la chaqueta?
> lependienta – Sí, usted puede probarla.

ede usted envolver el monedero?
ede usted demostrar la cinta?
ede usted envolver la muñeca?
ede usted poner la radio?
ede usted buscar un jersey más grande?
edo probar el pantalón?
edo comprar este sombrero?
edo probar esta chaqueta?

 you see from the words underlined in the following
mples how to use pronouns in the plural?

is a comprar los discos?
voy a comprar<u>los.</u>
ted compra las botas?
<u>as</u> compro.

 and **las,** the pronouns meaning 'them', help to avoid
nsy sentences in the same way as **lo** and **la** and their
tion in relation to the verb is the same. **Los** is used for
culine words and **las** for feminine words.

**rto ejercicio**
wer the following questions:

is a comprar los zapatos?
uebas estos pantalones?
ted va a probar estos guantes?
mpras estas camisas?
edo probar estas chaquetas?

## Segunda parte: superlatives

**the greatest!**
en you want to say that something or someone beats
thers in some respect, you need language like this:

 e cuadro es **el más bonito.** *This picture is the ttiest.*
a computadora es **la más avanzada.** *This
iputer is **the most advanced.***

 you see how to make '-est' or 'most' words? You put
**iás** or **la más** in front of the adjective according to
ther it is masculine or feminine.

With these words you can make something or someone
the greatest in the world:

El reloj es barato.
¡Es el más barato del mundo!

Esta cámara es la más cara.
¡Es la más cara del mundo!

### Primer ejercicio
How do you say that these things are the greatest in the
world?

1  El jersey es bonito.
2  La chaqueta es sensacional.
3  El vestido es elegante.
4  El bistec es delicioso.
5  La vista es estupenda.
6  La cama es cómoda.

Now look at what happens when several things are
involved:

Estas manzanas son las más deliciosas.
*These apples are the most delicious.*
Estos trenes son los más rápidos.
*These trains are the fastest.*

When several things are 'the greatest' you need **los más**
or **las más** in front of the adjective.

### Segundo ejercicio
Here is a claim which a restaurant makes about its food:
Nuestros platos son deliciosos, ¡son los más
deliciosos de la ciudad!

Can you help them to make more claims like that?

1  Nuestros pescados son frescos.
2  Nuestros entremeses son variados.
3  Nuestras sopas son calientes.
4  Nuestros bocadillos son ricos.
5  Nuestras sillas son cómodas.
6  Nuestros vinos son baratos.

### ¿Por qué son famosos?
¿Puedes adivinar? Si no, puedes encontrar las
contestaciones en *El Libro Guinness de los Récords.*
¿Por qué es famoso el coche 'Lincoln Continental
Executive'?
¿Por qué son famosos los dinosauros 'Stegosaurus'?
¿Por qué son famosas las montañas Himalaya?

## El libro de los récords

¿Puedes escoger el verdadero récord?
Escribe lo que crees es la frase verdadera.
¿Y para saber si tienes razón? ¡Pregúntalo a tu profesor!

1 El Amazonas es . . .
  a  el lago más grande del mundo.
  b  el mar más profundo del mundo.
  c  el río más largo del mundo.
  d  el país más grande del mundo.
2 Everest es . . .
  a  la isla más grande del mundo.
  b  la montaña más alta del mundo.
  c  el volcán más caliente del mundo.
  d  el desierto más seco del mundo.
3 Antárctica es . . .
  a  el lugar más húmedo del mundo.
  b  el continente más grande del mundo.
  c  la isla más grande del mundo.
  d  el lugar más frío del mundo.

4 En Europa el 21 de diciembre es . . .
  a  el día más corto del año.
  b  la noche más corta del año.
  c  el día más frío del año.
  d  el día más largo del año.
5 Tejas es . . .
  a  el estado más pequeño de los Estados Unidos.
  b  el estado más grande de los Estados Unidos.
  c  el estado más viejo de los Estados Unidos.
  d  el estado más montañoso de los Estados Unidos.
6 Los insectos son las criaturas . . .
  a  más peligrosas del mundo.
  b  más numerosas del mundo.
  c  más pequeñas del mundo.
  d  más frías del mundo.

# Unidad 5

## The perfect tense

Miguel's mother has left her son at home while she is at work. He is normally extremely lazy, so she telephones from work to find out what he has been up to. Read the dialogue between mother and son and look carefully at the verbs underlined.

Madre – Oye Julio. ¿Qué has hecho esta mañana?
Miguel – Bueno . . . he lavado los platos . . . he limpiado la casa . . . he lavado el coche . . . he preparado la comida . . . he ido de compras y he jugado con mi hermana menor.
Madre – Pero ¿qué te pasa? . . . . Normalmente yo lavo los platos . . . limpio la casa, preparo la comida, voy de compras y tú nunca lavas el coche ni juegas con tu hermana. ¿Qué te ocurre?
Miguel – Mamá, ¿me dejas salir con Lolita esta tarde?
Madre – ¡Ay! ¡Qué cosa es que el amor!

What are the main differences between the verbs used at the beginning and those used later?

1 The verbs in the first part talk about what *has* happened: **He lavado**, I have washed.
The verbs in the second part talk about what *is* happening ¿**Qué pasa**? or what usually happens: **Yo lavo los platos.**
The form of the verb which talks about what *has* happened is called the Perfect Tense.

2 The verbs in the first part are made up of two words: the present tense of **haber** (to have) and a past participle (eg: **he lavado,** I have washed). The verbs in the second part are in the present tense and have only one word: **lavo** (I wash), **limpio** (I clean), **preparo** (I prepare).

Look at the dialogue below between a girl and her boyfriend. What does the second word of the perfect tense end in?

Novia – ¡Ay! me aburro muchísimo.
Novio – ¡Quieres visitar el museo?
Novia – No, lo he visitado antes.
Novio – ¿Quieres comer aquí en este restaurante?
Novia – No, he comido allí antes. No me gusta.
Novio – ¿Quieres beber algo?
Novia – No, he bebido bastante.
Novio – ¿Quieres bailar?

ia – No, he bailado mucho en las discotecas por aquí y no me apetecen.

io – ¿Quieres subir a las montañas?

ia – No, he subido a montañas mucho más altas.

io – ¿Te gusta vivir aquí en este pueblo?

ia – Sí mucho. ¿Por qué?

two endings are **-ado** and **-ido**. Can you work out n to use **-ado** and when to use **-ido**?

ou can see, all the regular **ar** verbs end in **-ado**.

**mplo:**

tar) visitado    (bailar) bailado

e regular **er** verbs end in **-ido**

**mplo:**

ner) comido    (beber) bebido

all the regular **-ir** verbs also end in **-ido**

**mplo:**

ir) subido    (sufrir) sufrido

**er ejercicio**

d this extract from a letter sent by a Spanish riend. Parts of the letter have been smudged. Work he endings to the words that are unclear.

En tu carta me preguntas si he ido de vacaciones éste año. Bueno, la verdad es que no he sal■ fuera este verano. Mi padre ha ten■ mucho trabajo que hacer en la fábrica y mi madre ha trabaj■ mucho en casa. Creo que también mi padre ha quer■ economizar porque en estos últimos años hemos viaj■ a muchos países. Me he divert■ en casa y mi hermano lo ha pas■ bien también.

No me dijiste adónde has ido tú. ¿Has visit■ algún sitio muy interesante?

Look at the following dialogue. Can you see how the verb changes in the perfect tense? Alonso has been away for five years and his friend is asking him how he has been getting on.

Pablo – ¿Qué has hecho en Barcelona?

Alonso – He trabajado en fábricas.

Pablo – Has ido alguna vez a Ibiza, ¿verdad?

Alonso – Sí, he estado muchas veces.

Pablo – Te ha gustado, claro.

Alonso – Sí, pero ha cambiado mucho. Hay demasiados turistas. ¿Qué has hecho tú?

Pablo – Nada, he estado aquí con mi mujer, tranquilamente.

As you can see, the first word of the verb changes and the second does not.

**he trabajado**    *I have* worked (been working)

**has ido**    *you have* been

**ha cambiado**    *he, she, you* (polite) or *it has* changed

### Segundo ejercicio

You and your penfriend are having a party. Your penfriend has made a list of things to do. Later in the day you check up to find out what things he has or has not done. (He has ticked off the jobs he has done.) What would you ask and how would he answer each question?

| Mañana | Tarde |
|---|---|
| ir a la panadería ✓ comprar las bebidas obtener más vasos ✓ traer el tocadiscos | buscar los discos llamar a Pedro ✓ preparar los bocadillos poner las butacas en el dormitorio ✓ hablar con los vecinos |

**Ejemplo:**

Tú – ¿Has ido a la panadería?

Tu amigo – Sí, he ido a la panadería.

Tú – ¿Has comprado las bebidas?

Tu amigo – ¡Ay, madre! No he comprado las bebidas todavía.

## Tercer ejercicio

Your penfriend has also asked other people to do things for the party. Here is his list. You ask him if the people have done as they were asked.

**Ejemplo:**

Tú – Pablo ha invitado a Josefa, ¿verdad?
Tu amigo – Sí, lo ha hecho.

| | |
|---|---|
| Pablo: | invitar a Josefa |
| Ignacio: | traer sus discos |
| Alfredo: | preparar la paella |
| Nuria: | comprar gaseosa |
| Dolores: | ir a la panadería a comprar el pan |

Look at this short dialogue between your penfriend and his mother. She wants to know how the party plans are coming along.

Madre – ¿Qué habéis hecho esta mañana?
Tu amigo – Hemos ido de compras y hemos buscado más vasos.
Madre – ¿Habéis invitado a mucha gente?
Tu amigo – Unos veinte, más o menos.
Madre – ¿Han aceptado todos las invitaciones?
Tu amigo – Sí, la mayoría. Algunos han dicho que no pueden venir pero siempre pasa igual.

The verbs underlined show the plural form of the perfect tense. Here is the complete form of the verb in the perfect tense.

## Cuarto ejercicio

Before your penfriend's mother went out to work she l some instructions for you and your friend regarding th party. She wanted to make sure you would:

1 move the television
2 wash up
3 invite his cousins
4 clean the kitchen
5 buy some bread
6 speak to the neighbours

Say what questions you think she will ask when she comes in and what your penfriend's answers will be. ( have done everything you were asked.)

**Ejemplo:**
– ¿Habéis movido la televisión?
– Sí, mamá. Hemos movido la televisión. No te preocupes.

## Quinto ejercicio

The morning after the party you discuss how well it we You want to put your penfriend's mother's mind at res you must answer the following questions as *she* woul wish, using **claro que sí** or **claro que no**.

**Ejemplo:**
– Y los invitados ¿han bailado?
– *Claro que sí.*
– ¿Han hecho mucho ruido?
– *Claro que no.*

¿Lo han comido todo?
¿Han bebido demasiado?
¿Han escuchado mis discos?
¿Han molestado a los vecinos?
¿Han fregado los platos?
¿Se han ido temprano?

| -**ar** verbs | -**er** verbs | -**ir** verbs |
|---|---|---|
| he hablado | he bebido | he vivido |
| has hablado | has bebido | has vivido |
| ha hablado | ha bebido | ha vivido |
| hemos hablado | hemos bebido | hemos vivido |
| habéis hablado | habéis bebido | habéis vivido |
| han hablado | han bebido | han vivido |

e form of the perfect tense is quite similar to the English
uivalent. Look at these examples:

quien **has llamado** esta mañana? **He llamado** a
dro y a Ana.
*to have you called this morning? I've called Pedro
d Ana.*

**hemos discutido** con los dos y **hemos decidido** . . .
*e have discussed it with them both and we have
·ided* . . .

e **-ado**, **-ido** is the Spanish equivalent of '**-ed**' in
glish.
· well as having a similar form, the use of the perfect in
glish (e.g. I have eaten) is exactly the same as in
anish (**He comido**).

Now that you know how to form the perfect tense and
when to use it, answer the questions below using some
verbs you have not yet met in this tense. Your penfriend
has been away all day and wants to know what has been
going on.

### Ejemplo:
¿Qué has hecho hoy? He esquiado. (*esquiar*)

¿Qué has hecho? (*telefonear*)
¿Adónde ha ido María? (*bajar a la playa*)
¿Has tenido suerte en la tómbola? (*ganar un premio*)
¿Qué has hecho por la tarde? (*dormir*)
¿Qué ha hecho José? (*vender la guitarra*)
¿Qué han hecho mis hermanas? (*nadar en la piscina*)
¿Qué han hecho Pablo y Juan? (*recibir sus notas.*)

---

## nidad 6

### Primera parte: algunos, algunas

ese two sentences are slightly different. Can you guess
a difference in their meaning?

ngo unos billetes de quinientas pesetas.
ngo algunos billetes de quinientas pesetas.

e first one means 'I've got some 500-peseta notes'.
Danish people usually leave out the word for 'some'
ogether). The second one means 'I've got *a few* 500-
seta notes'.

**algunos** means 'a few'. You can guess what happens
this word before a feminine noun:

ngo **algunas** monedas de cien.

it's easy: **algunos** for the masculine and **algunas** for
e feminine.

### imer ejercicio
n you add 'a few' to these sentences in the same way?
Él tiene monedas de cien pesetas.
Ella tiene billetes de cincuenta libras.
Mi amigo tiene discos de los Beatles.
Mi padre tiene sellos raros.
Nuestro vecino tiene monedas antiguas.

### Segunda parte: negatives

But what if there is none at all?
Look at this example:

**No** tengo **ningún** dinero español. **¡Ninguno!**
*I have no Spanish money. None!*

Did you spot that the word for 'no' (when it means 'not
any') is **ningún** in front of a masculine singular noun, and
that it needs **no** in front of the verb? And on its own, the
word for 'none', still referring to that masculine singular
noun, is **ninguno.**

### Primer ejercicio
Say that you have none of these:
1 dinero americano
2 documento de identidad
3 sello
4 recibo

Now for the feminine word:
**No** tengo **ninguna** dificultad. **¡Ninguna!**
**No** queremos pagar **ninguna** comisión. **¡Ninguna!**

As you can see, **ninguna** does not change its spelling
when it comes immediately in front of a noun.

If you come across a particularly fussy customs officer at the border you can deny you have certain things by using **ningún** or **ninguna**:

Aduanero – ¿Tiene usted cigarillos?
    Tú – No tengo ningún cigarillo.
Aduanero – ¿Tiene usted otra bolsa?
    Tú – No tengo ninguna otra bolsa.

### Segundo ejercicio
Try denying that you have any of the following items:
1 botellas de coñac
2 alcohol
3 bebidas alcohólicas
4 tequila
5 contrabando

### Tercer ejercicio
*El juego de las diferencias*
¿Cuántas diferencias encuentras entre estos dibujos?
Explica las diferencias así:
En el primer dibujo no hay ningún . . .
(ninguna) . . .
En el segundo dibujo no hay ningún . . .
(ninguna) . . .

Here is a different sort of negative sentence:

**No** cerramos **ni** los sábados **ni** los domingos.
*We close neither on Saturdays nor Sundays.*

Did you spot that **ni** . . . **ni**
('neither . . . nor') needs **no** in front of the verb, like **ninguno**?

### Cuarto ejercicio
Try making denials with these sentences:

### Ejemplo:
– ¡Has perdido tu dinero y tu pasaporte!
– ¡No he perdido ni mi dinero ni mi pasaporte!

1 ¡Has perdido tu bolsa y tu monedero!
2 ¡Has olvidado tus gafas de sol y tu traje de baño!
3 ¡Has dejado tu billetero y tu pasaporte en el hotel!
4 ¡Has perdido la guía y el mapa!
5 ¡Has comido los bocadillos y las patatas fritas!

But if **ni** . . . **ni** comes in front of the verb, **no** is omitted.

**Ni** la geografía **ni** la historia me interesan.

– No sé por qué dices que nunca hacemos nada juntos . . . . Comemos, dormimos, vemos la tele . . .

– No sé por qué dices que nunca hacemos nada juntos . . . . Comemos, dormimos, vemos la tele . . .

## ...into ejercicio

...e's a quiz: some of these statements are partly untrue, ...ne are completely untrue. Correct the partly untrue ...es like this:

...eva York y Sydney están en Australia.
Nueva York no está en Australia!

...rrect the completely untrue ones like this:

...lbourne y San Francisco están en la India.
Ni Melbourne ni San Francisco están en la India!

1 Ibiza y Mallorca están en el Océano
   Atlántico.
2 Las arañas y las moscas son insectos.
3 Los españoles y los ingleses duermen la
   siesta.
4 Hay mucha nieve y hielo en el sur de
   Tenerife.
5 Hay serpientes en Inglaterra e Irlanda.
6 Birmingham y Ottawa están en Inglaterra.
7 Hace mucho calor y sol en Alaska.
8 Lima y Montevideo están en España.

...ally, one more negative word: **nunca** ('never').

...**nca** cambiamos monedas. *We never change coins.*
...● los compro **nunca**. *I never buy them.*

...e **ni . . . ni,** when **nunca** comes after the verb, you
...ed to put **no** before the verb.

...u can say that you never do certain things:

...*emplo:*
...iempre pierdes tus cosas!
...o pierdo nunca mis cosas!

## Sexto ejercicio

Make denials with these sentences:

1 ¡Siempre dejas tu dinero en el hotel!
2 ¡Siempre pierdes tus llaves!
3 ¡Siempre olvidas tus gafas!
4 ¡Siempre tomas mis cosas!
5 ¡Siempre comes mis caramelos!

Nosotros no provocamos la guerra, ni el terrorismo, ni la polución y encima nos llaman seres inferiores.

## Unidad 7

 **Primera parte: este, esta, estos, estas** *and* **esto**

What happens to the word for 'this' in these sentences?
¿Cuánto vale **este** pastel?
. . . y medio kilo de **este** queso . . .
Escucha **esta** conversación.
Llegaron **esta** mañana.

As you can see, you use **este** in front of a masculine singular noun and **esta** in front of a feminine singular noun. You can use these words to point out things nearby.

### Ejemplo:
¿Qué pastel quiere usted comprar?
**Este** pastel, aquí.

¿Qué botella de agua mineral quiere?
**Esta** botella, aquí.

### Primer ejercicio
Answer these questions using **este** or **esta**:
1 ¿Qué chorizo quiere usted comprar?
2 ¿Qué tarta quiere usted?
3 ¿Qué jamón le gusta más?
4 ¿Qué queso le gustaría comprar?
5 ¿Qué limonada quisiera?
6 ¿Qué botella de naranjada quiere?

Now see what happens when referring to more than one thing near you:
Deme medio kilo de **estos** melocotones.
**Estos** huevos son los más frescos.
Tomo media docena de **estas** tartas.
**Estas** peras son deliciosas.

**Este** and **esta** become **estos** and **estas**.
Now you can point out groups of things near to you.

### Segundo ejercicio
Answer these questions using **estos** or **estas**:

### Ejemplo:
¿Qué manzanas quiere usted comprar?
**Estas** manzanas, cerca de mí.

1 ¿Qué naranjas quiere usted?
2 ¿Qué plátanos le gustan más?
3 ¿Qué peras quiere usted comprar?
4 ¿Qué uvas le doy?
5 ¿Qué melocotones quisiera usted?
6 ¿Qué tomates te gustaría comprar?

Here is a fifth member of the **este/esta/estos/estas** group; what do you think its purpose is?

¿Qué es esto? *What is this?*
¿Y con esto? *Anything else? (Literally: And with this?)*

**Esto** gives you a word for 'this' when you don't know w the thing is, or when you are referring to something general or an idea.
If, for example, you are showing your school uniform to your Spanish penfriend, your friend might ask:
– ¿Y **esto,** qué es?

### Tercer ejercicio
You want to describe your uniform. How do you say in Spanish:

'This is my uniform. I have to wear this jacket, this skirt ( this pair of trousers), this jumper and this tie in school. What do you think of all this?'

So, the pattern for 'this' and 'these' is:

| This | These |
| --- | --- |
| este | estos |
| esta | estas |
| + esto | |

 **Segunda parte: ese, esa, esos, esas** *and* **eso**

Here are the words to translate 'that' and 'those'. What you notice about them?

¿Puede mostrarme **ese** abrigo?
Quiero comprar **esa** chaqueta.
Quiero un kilo de **esos** plátanos.
Dos kilos de **esas** manzanas, por favor.

It's very simple, isn't it? They change in exactly the sam way as **este, esta, estos** and **estas.**

You can use these words to point out things that are ne the person you are speaking to:

Tú – Quisiera comprar esa camiseta.
Tendera – ¿Esta camiseta?
Tú – Sí, esa camiseta, cerca de usted.

*...er ejercicio*

...tise asking for all the clothes in this picture using
...ogues like the last one. Take turns to be the shop
...stant.

...t if you need a word for 'that' and you don't know
...t the thing is, or you are talking about a mixture of
...gs or an idea? Look at these sentences:

...é es **eso**?   *What's that?*
...nos a ver; las aspirinas, las tiritas, los tisús; ¿**eso**
...do?   *Let's see; the asprins the plasters, the*
...*es, is that all?*

**eso** does the same job for 'that' as **esto** does for
...

*...undo ejercicio*
... you explain why **eso** has been used in these
...ences:

...enga; un paquete de galletas y una tableta de
...hocolate. ¿Y con **eso**?
...Tienes que llevar un uniforme en el colegio? **Eso**
...ie sorprende.
...Piensas que las mujeres siempre tienen razón?
...í, ¡**eso** es!
...o estoy de acuerdo; **eso** no es verdad.
...**Eso,** qué es?
...eras, manzanas, pan, huevos; no puedo recordar
...do **eso.**

...the pattern for 'that' and 'those' is:

| ...hat | Those |
|--------|-------|
| ...se  | esos  |
| ...sa  | esas  |
| ...+ eso | |

## Tercera parte: aquel, aquella, aquellos *and* aquellas

These sentences have a different word for 'that'.
Why do you think this is?
Deme medio kilo de **aquel** queso.
¿Cuánto vale medio kilo de **aquellas** uvas?

If you guessed that these are used for pointing out things
further away than **ese** or **esa,** you were right. They point
out things away from both you and the person you are
speaking to.

*Primer ejercico*
Can you ask for these things, which have all been placed
on a high shelf?

*Ejemplo:*
Quiero **aquella** guitarra, por favor.

So the pattern for 'that' and 'those', when further away, is:

| That | Those |
|------|-------|
| aquel | aquellos |
| aquella | aquellas |

### Segundo ejercicio

To prove you can use all these words to point out accurately things that are near, quite near, or far away, look at the table below and take turns at asking for the different items.

### Ejemplo:
Quiero **estas** sardinas, por favor.

|  | This/ These | That/ Those | That/ Those |
|------|:---:|:---:|:---:|
| sardinas | ● | | |
| queso | | ● | |
| barras de pan | | | ● |
| chorizo | ● | | |
| botellas de gaseosa | | ● | |
| caramelos | ● | | |
| aceitunas | | | ● |
| mantequilla | | ● | |
| paquete de arroz | | | ● |
| lata de calamares | ● | | |
| huevos | | ● | |

Keep on your toes; see how many you can do without making a mistake. If you do make a mistake, it's your partner's turn.

 ### Cuarta parte: ¡De nada!

Notice how the word **nada** behaves in these sentences:

¡No veo **nada** barato!     *I can see nothing cheap!*
No hay **nada** aquí.     *There's nothing here.*

When **nada** comes after the verb it needs **no** in front o the verb, in the same way as **ninguno** and **ni . . . ni.** Now you can talk about nothing!

### Ejemplo:
– ¿Tienes algo en tu bolsa?
– No, **no** tengo **nada** en mi bolsa.

### Primer ejercicio
Practise asking and answering these questions with y partner:

1 ¿Tienes algo en tus bolsillos?
2 ¿Tienes algo que declarar en tu equipaje?
3 ¿Hay algo nuevo en el cine?
4 ¿Has visto algo barato en la tienda de recuerdo
5 ¿Has encontrado algo interesante en la librería
6 ¿Vas a hacer algo el domingo que viene?

 ### Quinta parte: **nadie**

Now for another negative word:
**Nadie** paga más de 200 pesetas.
No hay **nadie** en la tienda.

The word for 'nobody' is **nadie,** and it has the same ru about **no** as **nada** and the other negative words.
Notice also that it needs a personal **a** when it is the obj of a verb:
No vi **a nadie** en la plaza.

### Primer ejercicio
Imagine that you were going to go on a tour of Cantab but it was cancelled. If someone who did not know tha you hadn't been to Cantabria asked you:
– ¿Visitaste a mucha gente en Santillana?
you would have to reply:
– No visité a nadie en Santillana, porque no fui a

How do you answer these questions, using **nadie** in e answer?

1 ¿Conociste a muchos españoles en Cantabria?
2 ¿Fuiste a casa de muchas personas en Santande
3 ¿Viste a muchos amigos tuyos en Laredo?
4 ¿Visitaste a mucha gente en Llanes?
5 ¿Escribiste a tus padres desde Santander?

## ...idad 8

### Reflexive verbs in the perfect tense

...already know when to use the perfect tense and what
...ans. You know that the tense is made up of two
...ds: the present tense of **haber,** 'to have', and a past
...ciple. The first word tells you *who* has done the
...on and the second word tells you *what* they have
...e.

...e are some examples to remind you:

...s comido bien? *Have you eaten well?*
...comido muy bien, gracias. *I have eaten very
...l, thank you.*
...n comprado otro coche nuevo. *They have
...ght a new car.*
...mos hablado con él esta mañana. *We have
...ken to him this morning.*
...reservado Vd? *Have you a reservation?*
...abéis escuchado su disco nuevo? *Have you
...rd his new record?*
...a salido ya el autobús? *Has the bus left yet?*

#### ...ner ejercicio

...this table to make up as many sensible sentences as
...can in five minutes. For each sentence use
...ething from each column.

Mamá, ya sé lo que ha pasado. El aire se ha escapado por este tubo...

| | | |
|---|---|---|
| He | decidido | tus deberes |
| | ido | el último tren |
| Has | salido | quedarme en casa porque llueve |
| | dormido | la ficha |
| Ha | reservado | un reloj |
| | terminado | sus llaves |
| Hemos | rellenado | de vacaciones |
| | encontrado | bien |
| Habéis | | una habitación con baño |
| | perdido | su última novela |
| Han | vendido | la casa |
| | leído | |

...you remember how to form the second word in the
...fect tense? This will remind you:

| | | |
|---|---|---|
| ...ar | > | dej*ado* |
| ...erar | > | esper*ado* |
| ...mir | > | dorm*ido* |
| ...ir | > | viv*ido* |
| ...der | > | perd*ido* |
| ...oger | > | escog*ido* |

## Segundo ejercicio

Now complete this table:

| reservar<br>llamar<br>firmar<br>ayudar | ¿Has reservado?<br>¿Has llamado? | Sí, he reservado un billete.<br>Sí, he |
| --- | --- | --- |
| entender<br>esconder<br>vender<br>aprender | ¿Has entendido la frase? | Sí, he escondido el regalo. |
| oir<br>decidir<br>recibir<br>corregir | ¿Has corregido el ejercicio? | Sí, he decidido visitarle. |

Now that you have revised the perfect tense, you are ready to learn how to form the perfect with reflexive verbs. It is not difficult, in fact, you can probably do it already! Look at these examples and see if you can work it out yourself:

*Me he cortado* el dedo.
*Se ha torcido* la rodilla izquierda.
*¿Te has quemado?*
Ya *se han marchado.*
Ya *nos hemos despedido* de él.
Creo que *os habéis equivocado.*

Note the addition of the reflexive pronoun (**me, te, se**) which goes in front of the auxiliary verb (**he, has, ha,** etc.), as shown in the table below:

| | |
| --- | --- |
| Me he . . . | Nos hemos . . . |
| Te has . . . | Os habéis . . . |
| Se ha . . . | Se han . . . |

If you remember to keep these two words together, it all becomes easy.

## Tercer ejercicio

Someone asks you whether you are going to do something. You tell them that you have already done it.

**Ejemplo:**
– ¿Vas a ducharte o no?
– Ya me he duchado.

1 ¿Vas a arreglarte o no?
2 ¿Vas a bañarte o no?
3 ¿Vas a despedirte de él o no?

Now practise answering for yourself and a friend:
**Ejemplo:**
– ¿Vais a ducharos o no?
– Ya nos hemos duchado.

4 ¿Vais a lavaros el pelo o no?
5 ¿Vais a levantaros o no?
6 ¿Vais a peinaros o no?
7 ¿Vais a quitaros las botas o no?

Now answer for someone else. When asked if you kno whether he or she is going to do something, you can s you think he or she has already done it.

**Ejemplo:**
– ¿Sabes si va a ducharse o no?
– Creo que ya se ha duchado.

8 ¿Sabes si va a afeitarse o no?
9 ¿Sabes si va a informarse o no?
10 ¿Sabes si va a marcharse o no?
11 ¿Sabes si va a reunirse con sus amigos o no?

The perfect is also very useful for asking 'Have you ever . . . ?'

**Ejemplo:**
– ¿Te has desmayado *alguna vez*?
You can reply that you have often fainted:
– Me he desmayado *muchas veces.*
or that you have never fainted:
– *No* me he desmayado *nunca.*
or that you have sometimes fainted:
– Me he desmayado *algunas veces.*

### Cuarto ejercicio

Practise with these examples. Fill in *either* the question *or* the answer.

¿Te has asustado alguna vez?

..........................................................

..........................................................

No me he bañado nunca en el mar.

..........................................................

Me he caído al agua algunas veces.

¿Te has equivocado alguna vez?

..........................................................

..........................................................

No me he mareado nunca.

¿Te has quejado alguna vez?

..........................................................

..........................................................

No me he quemado nunca.

¿Te has divertido alguna vez?

..........................................................

..........................................................

No me he torcido nunca el tobillo.

You can also use the perfect to say that someone hasn't done something *yet*.

**Ejemplo:**
– ¿Se ha acostado?
– No, no se ha acostado todavía.

### Quinto ejercicio

Answer these questions in the same way:

1 ¿Se han levantado?
2 ¿Te has desembarcado?
3 ¿Se ha despertado?
4 ¿Os habéis arreglado?
5 ¿Se ha vestido?
6 ¿Se han despertado?
7 ¿Te has despedido de ellos?
8 ¿Se han escapado?
9 ¿Se ha marchado?
10 ¿Te has peinado?
11 ¿Se han embarcado?
12 ¿Te has lavado?

# Unidad 9

## Personal a

Look carefully at this dialogue:
¿Conoces a mi hermano?
¿A tu hermano? No, no conozco a tu hermano.

Think for a moment about what these words actually mean. You know that the question – ¿Conoces a mi hermano? means, 'Do you know my brother?' and you can work out very easily that the answer means, 'Your brother? No I don't know your brother.'

### Primer ejercicio

This gives you a very simple conversation. Practise for a few minutes with your partner. Choose three relatives and three friends, and ask your partner if he or she knows them. It may be that he/she does, in which case the answer will be:
¿A tu amiga Sofía? Sí, conozco a tu amiga Sofía.

If not, he or she will reply:
No, no conozco a tu amiga Sofía.

You should by now have noticed that these sentences contain an extra **a.**

Here are some more examples for you to consider:

– Mañana voy a ver a ver *a* mi abuela.
– Ya hemos conocido *a* tu tía.
– Vi *a* Enrique y *a* Pilar, pero no vi *a* Juan.
– ¿Has oído *a* tu padre?

What is the **a** in all these sentences and how do you know when to use it?
It is called the 'personal **a**' and is a peculiarity unique to Spanish. It must be included if a specific person is on the receiving end of any action. It acts as a link, or bridge, between the action and the person.

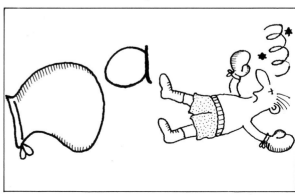

117

## Segundo ejercicio

*Frases revueltas*

Unscramble these words and you will have a sentence – almost! Each sentence needs a personal **a**. Put one in the correct place. *Remember:* it is the link between the action (the verb) and the person who is receiving the action (the object).

Work with a partner. See who can complete these sentences first. Read your sentences to each other, and make sure you agree.

| 1 | 2 | 3 | 4 |
|---|---|---|---|
| padre | casa    su | padres      los | madre |
| su   teléfono | madre | de | escucho |
| por | en   siempre | fines   visitan | mi |
| llama | ayuda | sus   semana | nunca |

| 5 | 6 | 7 | 8 |
|---|---|---|---|
| Enrique | van   sus | todavía   verdad | chica   qué |
| qué | | no   amiga | |
| por | presentar   a | Luisa | aquella   por |
| buscas | os   vecinos | mi   conoces | miras |

Remember: the **a** is a link between an action and a *person;* it does not link an action to a *thing.* Look at these examples:

1 El Sr Rivas mira un barco en el mar.
  El Sr Rivas mira a su hijo que se baña en el mar.

2 ¿Adónde vamos a esperar el autobús?
  ¿Adónde vamos a esperar a tu amigo?

3 No conozco París. Nunca he estado allí.
  No conozco a tus vecinos.

The second sentence of each pair has a personal **a** to link the action to the person. In the second example it links **esperar** to **amigo.** What does it link in the other two examples?

## Tercer ejercicio

Look at these sentences. If you think they are correct, write them as they are in your exercise book. If you think they are wrong, correct them and then write them in your exercise book.

1 ¿Visitas a tus abuelos a menudo?
2 Me encantaría ver la reina en el Palacio de Buckingham.
3 Busco un chico inglés para mantener correspondencia.
4 Anoche llamé a mi amigo por teléfono.
5 Te quiero presentar mis hermanos.
6 Compramos la revista todas las semanas.
7 Vamos a pintar a la casa en verano.
8 ¿Ayudas tu madre en casa?
9 ¿Cuándo compraste el coche nuevo?
10 Mis padres me regalaron un vestido nuevo.

## Unidad 10

### Primera parte: the preterite tense

Look at this short extract from a letter sent by a Spanish penfriend.

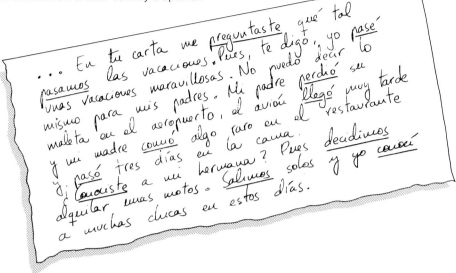

... En tu carta me preguntaste qué tal pasamos las vacaciones. Pues, te digo, yo pasé unas vacaciones maravillosas. No puedo decir lo mismo para mis padres. Mi padre perdió su maleta en el aeropuerto, el avión llegó muy tarde y mi madre comió algo raro en el restaurante y pasó tres días en la cama. ¿Conociste a mi hermana? Pues decidimos alquilar unas motos. Salimos solos y yo conocí a muchas chicas en estos días.

You probably recognise the verbs underlined and the endings. The endings all belong to the preterite tense, which tells you about events that happened in the past. See if you can pair up eight of the verbs underlined in the letter according to who did the action. Begin by finding two endings for 'I'. Then find two for 'you', 'he/she' and 'we'.

The answers should be as follows:

|  |  |
|---|---|
| I | **pasé, conocí** |
| you | **preguntaste, conociste** |
| he/she | **perdió, comió, llegó, pasó** |
| we | **pasamos, decidimos, salimos** |

You will remember that although there are three types of verbs, ending in -**ar**, -**er** and -**ir** in the infinitive, there are only two types of endings for the regular preterite. This is because -**er** and -**ir** verbs have identical endings.

| pasar | comer | salir |
|---|---|---|
| pasé | comí | salí |
| pasaste | comiste | saliste |
| pasó | comió | salió |
| pasamos | comimos | salimos |

The verb table is incomplete as it stands. Look at the following examples of some more verbs in the preterite. You will see examples of the second and third persons plural (**vosotros** and **ellos/Vds**).

Unos amigos están organizando una fiesta.

Jorge – ¿*Escribisteis* a Manolo y a Laura?
Ana – No, nos *llamaron* por teléfono.
Jorge – ¿Les *invitasteis* a la fiesta?
Ana – Sí, claro. El año pasado lo *pasaron* muy bien. *Hablaron* con todos y *volvieron* muy contentos.
Jorge – ¿*Hablasteis* con los vecinos? El año pasado se *enfadaron* mucho.
Ana – Sí, nos hablamos hace unos días.

The remaining verb endings are:

|  | -ar | -er/-ir |
|---|---|---|
| you (pl.) | -asteis | -isteis |
| they, Vds. | -aron | -ieron |

The complete preterite form of regular verbs is as follows:

|  | pasar | comer | salir |
|---|---|---|---|
| I | pasé | comí | salí |
| you | pasaste | comiste | saliste |
| he/she, Vd. | pasó | comió | salió |
| we | pasamos | comimos | salimos |
| you (pl.) | pasasteis | comisteis | salisteis |
| they, Vds. | pasaron | comieron | salieron |

## Primer ejercicio

A famous pop group is at the airport answering a barrage of questions from fans about their South American tour. Here are the answers they gave to the questions. What were the questions?

## Ejemplo:

Salimos esta mañana a las cinco. ¿Cuándo *salisteis*?
Lo pasamos muy bien. ¿Cómo lo *pasasteis*?

1 Llegamos a Venezuela el 24 de octubre.
2 Volvimos a Caracas tres días más tarde.
3 Nos alojamos en el Hilton.
4 Comimos muchos platos típicos.
5 Sí, hablamos con muchos grupos sudamericanos.
6 Pasamos tres días en Colombia.
7 Terminamos el concierto a las dos o las tres.
8 No, dormimos muy poco.
9 Nos levantamos a mediodía.
10 Salimos en barco por la tarde.

## Segundo ejercicio

Your best friend Alejandro likes to do things in a simple, economical way. Other friends like to do things extravagantly.
How might you complete the following? Use your imagination!

## Ejemplo:

Mi amigo Alejandro se alojó en una pensión. Mis otros amigos se alojaron en un hotel muy grande.

1 Mi amigo Alejandro viajó a España en autocar.
2 Tomó un plato combinado en la cafetería.
3 Bebió un vaso de agua mineral.
4 En el supermercado sólo compró chocolate para su familia.
5 Escribió una tarjeta postal para su familia.
6 Volvió a casa a las diez de la noche.
7 Se levantó a las ocho.
8 Bailó media hora en la discoteca.
9 Pasó una hora en la piscina.
10 Llevó una pequeña maleta.

## Segunda parte: irregular verbs in the preterite

The verbs above are all regular. Most verbs follow the same pattern as these in the preterite, but there are a number of important verbs which follow different patterns; these you need to learn. You have already met two of them in Unit 7, Book 2. Look at these two short dialogues to refresh your memory.

– *Fui* al cine anoche.
– Sí, ¿adónde *fuiste*? ¿Al cine Atlanta?
– No, al cine Avenida.
– ¿*Fue* Antonia?
– Sí, *fuimos* los dos.

– No *hice* mis deberes ayer.
– ¡No *hiciste* los deberes!
– No, nadie los *hizo* en casa. Los *hicimos* durante recreo.

The two irregular verbs are **ir** and **hacer**.
There are two other verbs similar to **ir** in the preterite: **dar** and **ver**. Look at the following dialogue and try to work out all the forms of these two verbs.

– ¿Adónde <u>fuiste</u> el martes?
– <u>Fui</u> a un café y <u>vi</u> a un antiguo amigo.
– ¿<u>Viste</u> a un amigo? ¿Quién?
– Enrique. La última vez que nos <u>vimos</u> fue hace tres años. Ahora trabaja en el café Oasis.
– ¡Sí! ¡Qué bien!
– Nos <u>dio</u> a mí y a unos compañeros una botella de champán y no me cobró.
– ¿No le <u>disteis</u> nada?
– Pues sí. Le invitamos a tomar algo con nosotros mis amigos le <u>dieron</u> una entrada para el partido día siguiente.
– ¿<u>Visteis</u> el partido?
– Yo no. Mis amigos lo <u>vieron</u> con Enrique.
– Mi hermano lo <u>vio</u> y <u>dijo</u> que lo pasó muy bien.
– Lo <u>vimos</u> en la televisión.
– ¿Vas a ver más a Enrique?
– Sí, nos <u>dimos</u> las señas y le <u>di</u> mi número de teléfono. A lo mejor vamos a vernos con frecuencia.

## Primer ejercicio

Fill in the table below with the forms of the verbs you have found and compare the endings with those of **ir**.

| | Ir | Dar | Ver |
|---|---|---|---|
| I | fui | | |
| you | fuiste | | |
| he/she, Vd. | fue | | |
| we | fuimos | | |
| you (pl.) | fuisteis | | |
| they, Vds. | fueron | | |

can now see that **dar** and **ver** have identical
ings. Notice that, unlike all regular verbs, these
gular ones have no accents on the 'I' and 'he/she, Vd.'
ings.

**undo ejercicio**

g **ir, dar** and **ver** answer the following questions
ut your holidays (real or imaginary):

ónde fuiste?
iste con tus padres?
é viste en el pueblo?
dieron dinero tus padres?
ánto?
mo pasaste el tiempo? ¿Diste paseos, por
plo?

**cer ejercicio**

mber of verbs have the same endings as **hacer.** Pick
these verbs in the following passage and make a list.
gside the verbs you have listed, write the infinitive
and the meaning.

**mplo:**

uso (ponerse – *to put on*)

## Las vacaciones de los Príncipes de Gales

Cuando los Reyes de España
hicieron una visita a Inglaterra en
abril invitaron a los Príncipes y a sus
hijos a pasar las vacaciones con
ellos y con los Reyes de Grecia en
Mallorca.

En el aeropuerto de Palma de
Mallorca doscientos periodistas
tuvieron que esperar pacientemente
la llegada del avión. Lo único que
pudieron ver fue un minibus que
llevó a los Príncipes al palacio a
unos quince kilómetros. El viaje se
hizo lentamente. Quisieron ver lo
bonito que es la isla. El Rey no vino
porque navegaba en una regata.

Al día siguiente se pusieron en
camino y dieron una vuelta por la
isla con el Rey Juan Carlos. Éste
dijo a los periodistas: «Aquí tenemos un tiempo estupendo con
mucho sol y paisajes maravillosos.
Sé que lo vamos a pasar bien.»

Here is the complete form of **hacer** in the preterite tense
to help you:

| | |
|---|---|
| I | hice |
| you | hiciste |
| he/she, Vd. | hizo |
| we | hicimos |
| you (pl.) | hicisteis |
| they, Vds. | hicieron |

The full forms of the irregular verbs which follow the
same pattern of endings as **hacer** are:

| **tener** | **poder** | **querer** |
|---|---|---|
| tuve | pude | quise |
| tuviste | pudiste | quisiste |
| tuvo | pudo | quiso |
| tuvimos | pudimos | quisimos |
| tuvisteis | pudisteis | quisisteis |
| tuvieron | pudieron | quisieron |

| **venir** | **poner** | **decir** |
|---|---|---|
| vine | puse | dije |
| viniste | pusiste | dijiste |
| vino | puso | dijo |
| vinimos | pusimos | dijimos |
| vinisteis | pusisteis | dijisteis |
| vinieron | pusieron | dijeron |

**Cuarto ejercicio**

Complete the dialogues below, giving the correct form of
the verb in brackets:

Después de un robo del Banco de Bilbao los policías
interrogaron a dos ladrones:

Policía – Bueno, Carlos. Uno de mis hombres te
vio delante del banco. ¿Por qué?

Carlos – Yo estaba esperando a Juan.

Policía – ¿Por qué?

Carlos – Porque por la tarde Juan _____ (hacer)
una visita a una amiga y antes me _____
(decir) «Te veré delante del banco a las
ocho».

Policía – ¿Estuviste allí mucho tiempo?

Carlos – Dos minutos, nada más. _____ (Venir)
en seguida.

Policía – Y el bolso lleno de billetes de banco, ¿De
quién era?

Carlos – Lo encontramos en la calle. Abrí el bolso
y no _____ (poder) creerlo.

Policía – ¿Por qué no _____ (venir) aquí con el dinero?

Carlos – Porque el coche _____ (tener) una avería y _____ (poner) el bolso en el suelo del coche.

Policía – ¿De veras?

..............................................................

Policía – Juan ¿por qué _____ (tener) que esperar a Carlos delante del banco?

Juan – A ver. Yo _____ (hacer) la compra en el supermercado y me _____ (decir), Carlos. «Te espero delante del banco».

Policía – ¿Qué pasó con el bolso?

Juan – ¿Qué bolso?

Policía – Carlos me _____ (decir) que lo encontrasteis en la calle.

Juan – Sí, sí.

Policía – ¿Por qué no _____ (venir) a la comisaría?

Juan – No _____ (poder) encontrarla.

Policía – ¡Qué ladrones más inteligentes!

Now compare the two versions. What is your verdict?

If you look at these examples of the irregular preterite **fuiste, fue** etc, you will see that these forms are shared by the two verbs **ir** to go, and **ser** to be.

¿Cómo fueron las vacaciones?
Fuimos en tren.
Fue interesante.
Fui a Málaga.
Mi hermano fue a Madrid.
Mis primos fueron a las Islas Canarias.

As you can see, **fue** means both 'he/she/it went', and 'he/she/it was'. The other words in the sentence will make it clear which meaning is intended.

### Quinto ejercicio
Look at the following examples and say which meaning intended in each case.

Fue el mejor día de las vacaciones.
Fueron a la bolera.
Mi amigo fue solo. Fue un desastre porque se aburrió mucho.
Fueron unas vacaciones estupendas.

# GRAMMAR SUMMARY

## Nouns and articles

| Singular | | Plural | |
| --- | --- | --- | --- |
| *sculine* | *Feminine* | *Masculine* | *Feminine* |
| chico | **una** chica | **unos** chicos | **unas** chicas |
| hotel | **una** catedral | **unos** hoteles | **unas** catedrales |
| utobús | **la** habitación | **los** autobuses | **las** habitaciones |

*e'*

word for 'some' is **unos/unas.**
o **unos** discos de Madonna.
an **unas** chaquetas marrones.
The words **unos** and **unas** are normally

omitted.
The word for 'a few' is **algunos/algunas.**
Sólo tengo **algunos** billetes de quinientas.
Me quedan **algunas** monedas españolas.

## Adjectives

| Singular | | Plural | |
| --- | --- | --- | --- |
| *asculine* | *Feminine* | *Masculine* | *Feminine* |

**culine ending in -o**

| | | | |
| --- | --- | --- | --- |
| libro rojo | una chaqueta roja | unos libros rojos | unas chaquetas rojas |

**culine ending in any other letter**

| | | | |
| --- | --- | --- | --- |
| bolso verde | una blusa verde | unos bolsos verd**es** | unas blusas verd**es** |
| abrigo azul | una casa azul | unos abrigos azul**es** | unas casas azul**es** |

**ctives of nationality not ending in -o**

| | | | |
| --- | --- | --- | --- |
| chico inglés | una chica ingl**esa** | unos chicos ingl**eses** | unas chicas ingl**esas** |
| señor español | una señora españ**ola** | unos señores españ**oles** | unas señoras españ**olas** |

**adjective**

- adjective translates 'The . . . thing', for
  nple:
  **ueno** es que . . . . ***The good thing*** *is that . . . .*

123

# GRAMMAR SUMMARY

## Possessive adjectives (my, your, etc.)

|  | Singular | | Plural | |
|---|---|---|---|---|
|  | Masculine | Feminine | Masculine | Feminine |
| my | mi | mi | mis | mis |
| your | tu | tu | tus | tus |
| his, her, its, your (Vd.) | su | su | sus | sus |
| our | nuestro | nuestra | nuestros | nuestras |
| your | vuestro | vuestra | vuestros | vuestras |
| their, your (Vds.) | su | su | sus | sus |

These possessive adjectives agree with the noun they
describe, for example:
mi hermano    mis hermanos
In the second case the noun (**hermanos**) is plural and
therefore **mi** must change to **mis.**
There are three groups:

## Demonstrative adjectives This, that, these and those

|  | Singular | | Plural | |
|---|---|---|---|---|
|  | Masculine | Feminine | Masculine | Feminine |

**1 For things or persons nearby**

| | Masculine | Feminine | Masculine | Feminine |
|---|---|---|---|---|
| This/these | Este | Esta | Estos | Estas |

**2 For things or persons which are near the person you are speaking to**

| | Masculine | Feminine | Masculine | Feminine |
|---|---|---|---|---|
| That/those | Ese | Esa | Esos | Esas |

**3 For things or persons which are far away**

| | Masculine | Feminine | Masculine | Feminine |
|---|---|---|---|---|
| That/those | Aquel | Aquella | Aquellos | Aquellas |

In addition, the words **esto** and **eso** are used for *this*
and *that* when they refer to general ideas or
unknown things which can be neither masculine nor
feminine, for example:
¿Qué es **esto**?
Vamos a ver; el té, el café, las galletas; **eso** es todo?

### Comparative adjectives

**Más** + adjective + **que** means *more . . . than*
**Menos** + adjective + **que** means *less . . . than* (o
translated as *not as . . . as,* for example:
La historia es **más** interesante **que** la geografía.
*History is **more** interesting **than** geography.*
Las matemáticas son **menos** difíciles **que** el inglés
*Maths are **not as** difficult as English.*

124

# GRAMMAR SUMMARY

## Superlative adjectives

These are adjectives which compare one thing with several others, such as *the largest* or *the most beautiful*.

|  | Singular |  | Plural |
|---|---|---|---|
| *Masculine* | *Feminine* | *Masculine* | *Feminine* |
| el más hermoso | la más hermosa | los más hermosos | las más hermosas |

Esta ciudad es la más hermosa de España.
*This is the most beautiful city in Spain.*

But if the superlative adjective follows its noun directly, you leave out the **el/la/los/las,** for example:
Es la ciudad más hermosa de España.
(N.B. **de** translates *in* after a superlative.)

## Adverbs

Adverbs in Spanish are usually formed by adding **-mente** to the adjective, for example:

fácil → fácil**mente**
posible → posible**mente**

However, when the Spanish adjective ends in **-o**, you must make it feminine before adding **–mente,** for example:

rápido → rápida → rápida**mente**

Some Spanish adverbs do not end in **-mente:**

| mucho | *a lot* |
|---|---|
| poco | *a little* |
| bien | *well* |

| mal | *badly* |
|---|---|
| rara vez | *rarely* |
| muchas veces | *often* |
| a menudo | |
| algunas veces | *sometimes* |
| a veces | |
| nunca | *never* |

Some adverbs give a more precise meaning to adjectives:
**bastante** bueno   *quite good*
**muy** interesante  *very interesting*
**demasiado** caro   *too expensive*

## Verbs

### Present tense

*Regular verbs*          *Radical-changing verbs*

|  | **hablar** | **comer** | **vivir** | **preferir (ie)** | **poder (ue)** | **servir (i)** |
|---|---|---|---|---|---|---|
| *I* | hablo | como | vivo | prefiero | puedo | sirvo |
| *you (tú)* | hablas | comes | vives | prefieres | puedes | sirves |
| *he, she, it, you (Vd.)* | habla | come | vive | prefiere | puede | sirve |
| *we* | hablamos | comemos | vivimos | preferimos | podemos | servimos |
| *you, (vosotros/as)* | habláis | coméis | vivís | preferís | podéis | servís |
| *they, you (Vds.)* | hablan | comen | viven | prefieren | pueden | sirven |

## Irregular verbs

| ser | tener | ir | estar | hacer |
|---|---|---|---|---|
| soy | tengo | voy | estoy | hago |
| eres | tienes | vas | estás | haces |
| es | tiene | va | está | hace |
| somos | tenemos | vamos | estamos | hacemos |
| sois | tenéis | vais | estáis | hacéis |
| son | tienen | van | están | hacen |

## 'Ser' and 'estar'

There are two verbs meaning to be: **ser** and **estar**.

**Ser** is used to describe the permanent characteristics of a person, place or thing, for example:

| *nationality* | **Soy** inglés |
|---|---|
| *size* | **Es** grande |
| *colour* | **Son** rojos |
| *temperament* | **Es** una chica muy seria |
| *occupation* | **Soy** alumna |

**Estar** is used to refer to the position of a person, place or thing, for example:
Madrid **está** en España.
**Estoy** aquí.

## Gustar

When the thing or person liked is singular you use **gusta**:
Me gusta el cine.
When they are plural you use **gustan**:
¿Te gustan las patatas fritas?
To say what you like doing you use **gusta** followed by an infinitive:
Me gusta bailar.

## Preterite of regular verbs

The preterite is used to describe what you did or what happened, for example:
I bought; he ate; you went out.

| comprar | comer | salir |
|---|---|---|
| compré | comí | salí |
| compraste | comiste | saliste |
| compró | comió | salió |
| compramos | comimos | salimos |
| comprasteis | comisteis | salisteis |
| compraron | comieron | salieron |

## Preterite of irregular verbs such as 'ir' and 'hacer'

These verbs require different endings. Note that there are *no* accents with these verbs.

| ir/ser | dar | ver | hacer |
|---|---|---|---|
| fui | di | vi | hice |
| fuiste | diste | viste | hiciste |
| fue | dio | vio | hizo |
| fuimos | dimos | vimos | hicimos |
| fuisteis | disteis | visteis | hicisteis |
| fueron | dieron | vieron | hicieron |

| poner | venir | poder | tener |
|---|---|---|---|
| puse | vine | pude | tuve |
| pusiste | viniste | pudiste | tuviste |
| puso | vino | pudo | tuvo |
| pusimos | vinimos | pudimos | tuvimos |
| pusisteis | vinisteis | pudisteis | tuvisteis |
| pusieron | vinieron | pudieron | tuvieron |

N.B. **Ir** and **Ser** have the same form in the preterite, for example: **Fue** can mean *he went*, or *it was*.

## Perfect tense

The perfect tense in Spanish is used exactly as it is in English, for example:
He visitado    *I have visited*
No he comido  *I haven't eaten*

The past participle of regular verbs is formed by adding **-ado** to the stem of -ar verbs and **-ido** to the stem of -er and -ir verbs. The past participle must then be used with the appropriate part of the auxiliary verb **haber** (**he, has, ha, etc.**)

| hablar | beber | vivir |
|---|---|---|
| he hablado | he bebido | he vivido |
| has hablado | has bebido | has vivido |
| ha hablado | ha bebido | ha vivido |
| hemos hablado | hemos bebido | hemos vivido |
| habéis hablado | habéis bebido | habéis vivido |
| han hablado | han bebido | han vivido |

The perfect tense of reflexive verbs requires the inclusion of **me/te/se** etc. before the part of the auxiliary verb, for example:
Me he cortado el dedo.
No se ha hecho mucho daño.

There are few irregular past participles such as **hecho** which need to be learnt separately.

## Voy a' + infinitive

The easiest and most common way of saying what someone is going to do is to use the verb **ir** + **a** + infinitive, for example:
¿Qué vas a hacer mañana?
Voy a jugar al tenis.

## Giving commands and instructions

To give an instruction to a person or persons you do not know well take the **-o** off the **yo** part of the present tense and add these endings:

|          | **-ar** verbs | **-er** or **ir** verbs |
|----------|---------------|-------------------------|
| Singular | -e            | -a                      |
| Plural   | -en           | -an                     |

This works for all regular and radical-changing verbs and most irregular verbs, for example:
Miro – ¡Mire!
Vuelvo – ¡Vuelva!
Subo – ¡Suba!
Tengo cuidado – ¡Tengan cuidado!
The most common exception is:
Voy – ¡**Vaya!**

## Idioms with tener

You have met the following:
| | |
|---|---|
| tener que | *to have to* |
| tener hambre | *to be hungry* |
| tener sed | *to be thirsty* |
| tener prisa | *to be in a hurry* |
| tener calor | *to feel hot* |
| tener frío | *to feel cold* |
| tener sueño | *to be sleepy* |

## Interrogatives

To make a statement into a question simply add question marks, for example:
Hay un banco por aquí.
¿Hay un banco por aquí?

Here is a list of the question words. Note that they all require accents.

| | |
|---|---|
| ¿Cuánto(s)? | *How much? How many?* |
| ¿Cuándo? | *When?* |
| ¿Dónde? | *Where?* |
| ¿Cómo? | *How? What . . . like?* |
| ¿Por qué? | *Why?* |
| ¿Quién? | *Who?* |
| ¿Qué? | *What?* |
| ¿Cuál? | *Which?* |

¿Cuánto es este vestido?
*How much is this dress?*
¿Cómo es tu hermano?
*What is your brother like?*

If the question word is used with prepositions (such as from, of, to, for, by, and with), the preposition goes in front of the question word, for example:

¿Con quién vas?
*Who are you going with?*
¿De qué se hace?
*What is it made of?*
¿De dónde eres?
*Where are you from?*

*In the case of* ¿**adónde?** the two words are joined together:
¿Adónde vas hoy?

## Negatives

### No'

To form the simple negative put **no** in front of the verb, for example:
No voy a la playa.
No me llamo Pedro, me llamo Pablo.

### Ninguno'

To translate the English **no** (not any) or **none** you use **ninguno** which becomes **ningún** before a masculine singular noun, for example:
No queda **ningún** bocadillo. ¡**Ninguno!**
*There are no sandwiches left. None!*

N.B. Even if the English word is plural (e.g. sandwiches, difficulties), the singular form of **ninguno/ninguna** is used in Spanish.

Before a feminine noun you use **ninguna,** for example:
No vas a tener **ninguna** dificultad. ¡**Ninguna!**
*You won't have any difficulties. None!*

## 'Ni . . . ni'

*Neither . . . nor* is translated by **ni . . . ni** in Spanish. If the **ni . . . ni** comes after the verb you need to put **no** in front of the verb, for example:

**Ni** los trenes **ni** los aviones llegan siempre a tiempo.
*Neither trains nor planes always arrive on time.*
**No** tienen **ni** libras **ni** dólares.
*They have neither pounds nor dollars.*

## 'Nunca, nadie, nada'

*Never* is **nunca**, *no-one* is **nadie** and *nothing* is **nada**. The same rule about the use of **no** applies to these words, for example:

*Before the verb.*
**Nunca** gano cuando juego.

*After the verb*
**No** me escribe **nunca.**
**Nadie** me dice la verdad.
**No** veo a **nadie** en el salón.
**Nada** me interesa en este colegio.
**No** tengo **nada** en mi bolsa.

---

##  Personal 'a'

The **a** must be used when the object of the action of a verb is a specific person, for example:
– ¿Conoces **a** mi hermana?
– ¿**A** tu hermana? No.

N.B. the **a** does not mean anything, but it must be inserted between the verb and the object in such cases.

---

##  Pronouns

### Subject pronouns

| Subject | Reflexive | Object | | Disjunctive |
|---|---|---|---|---|
| | | **Indirect** | **Direct** | |
| yo | me | me | me | mí |
| tú | te | te | te | ti |
| él | | | le, lo | él |
| ella | se | le | la | ella |
| Vd. | | | le | Vd. |
| nosotros/as | nos | nos | nos | nosotros/as |
| vosotros/as | os | os | os | vosotros/as |
| ellos | | les | les, los | ellos |
| ellas | se | | las | ellas |
| Vds. | | | les | Vds. |

The subject pronoun is not often used in Spanish, (except in the case of **usted/ustedes**), because the verb ending normally indicates the subject of the verb. However, it can be used for emphasis or to avoid ambiguity.

*Ejemplo:*
Tengo quince años.
Él tiene catorce años pero ella tiene dieciséis.

## and 'usted (Vd.)'

re are four ways of saying 'you' in Spanish. The
nd **vosotros/as** forms are used with people you
w well and with young people. **Usted** and **ustedes**
used with strangers and with people to whom
must show respect.

| Singular | Plural |
|---|---|
| ú) vives en Madrid | (Vosotros) vivís en Madrid |
| sted) vive en Madrid | (Ustedes) viven en Madrid |

**ed** requires the 'he/she' form of the verb and,
wise, **ustedes** requires the 'they' form of the verb.
**ed** and **ustedes** also require the reflexive pronoun
the possessive adjectives used with the 'he/she'
the 'they' form of the verb, for example:
levanta usted temprano?
enen sus billetes, por favor?

**ed** and **ustedes** are often shortened to **Vd.** and
. in the written form, for example:
ene Vd. su pasaporte?
 dónde vienen Vds.?

## jects pronouns

### ect object pronouns

**mplo:**
veo en la calle.
e **her** in the street.

### irect object pronouns

**mplo:**
compra discos.
buys **me** records. (Literally: He buys records **for**
.)

## flexive pronouns

**mplo:**
 levantamos a las diez.
 get up at ten

avan de prisa.
 y wash (themselves) quickly.

3. The reflexive pronoun is often not translated
 English.

## Impersonal 'se'

**Se** is often used to convey the idea of 'one' or 'you' in
a general sense, for example:

Se prohibe aparcar aquí.
*You are not allowed to park here.*
No se puede fumar en el metro.
*You can't smoke on the underground.*

On other occasions it is best translated by saying
something 'is done', for example:
Se habla inglés.
*English (is) spoken.*
Se venden recuerdos aquí.
*Souvenirs (are) sold here*

## Position of object and reflexive pronouns

Object and reflexive pronouns normally come
immediately before the verb, for example:
**Te** doy un regalo.
Yo no **lo** bebo.
El chico **la** visita.
Mi amigo **se** llama Juan.

This means that, as you can see, they come
immediately before the verb, following the subject
and the negative **no.**
But if the verb is an infinitive, the direct object
pronoun is added to it:
¿Mi bolsa? Tengo que dejar**la** aquí.

– ¿Se puede escuchar los discos?
– Sí, señor, usted puede escuchar**los.**

All object pronouns and reflexive pronouns are
added to the end of the imperative. An accent is
needed on the vowel which was stressed before the
pronoun was added:
¡Llénelo!   ¡Hábleme!   ¡Siéntense!

## Disjunctive pronouns (pronouns following a preposition)

**Ejemplo:**
La mesa está delante de **él.**
*The table is in front of **him.***

Remember:
conmigo   *with me*
contigo   *with you*

**but** con el/ella/nosotros etc. written as two words.

# GLOSSARY

This glossary is a word list which will help you in two ways:

**1** To understand Spanish words which you may not have met before, and which you would not be expected to work out for yourself.

**2** To develop good dictionary skills.

You need not look up every word that you don't understand. Just decide which words you *really* need to know in order to understand the text.

The following abbreviations are used (they are a star feature of dictionaries):

m = masculine
f = feminine
pl = plural

**A**
albaricoque (m)   *apricot*
altavoces (mpl)   *loud speakers*
atraer   *to attract*
aunque   *although*

**C**
caza (f)   *hunt*
cereza (f)   *cherry*
cirujano (m)   *surgeon*
cobrar   *to charge*
cumplir   *to have a birthday*

**D**
descontarse   *to be reduced*
detallado   *individually priced*
detenidamente   *carefully*
distraído   *absent-minded*

**E**
enchufe (m)   *plug*

**F**
¡fíjate!   *watch out!*

**G**
globo: en globo   *in total, altogether*

**H**
hacer caso   *to pay attention*
herida (f)   *wound, injury*
huele   *(it, that) smells*

**L**
litera (f)   *bunk bed, couchette*

**N**
nata (f)   *cream*

**O**
obrero (m)   *workman*
olor (m)   *smell*
orilla (f)   *bank*

**P**
parcela (f)   *pitch (on campsite)*
pedazo de madera (m)   *piece of wood*
pena: vale la pena   *it is worthwhile*
piedra (f)   *stone*

**Q**
queja (f)   *complaint*

**S**
sábana (f)   *sheet*
semejante   *similar*
sobrino/a   *nephew/niece*
subrayado   *underlined*
suelto   *loose (i.e. not on a lead)*

**V**
vale (m)   *pass*